D1719629

Peter Pipiorke · Friederike Votteler

Stuttgart

per Rad entdecken

15 abwechslungsreiche
Stadtrundfahrten

G. BRAUN

Vorwort

Liebe Radlerin, lieber Radler,

Stuttgart hat viele schöne Ecken, viele bekannte, aber auch viele kleine Sehenswürdigkeiten – insbesondere die letzteren machen das Salz in der Suppe aus. Und Stuttgart hat viel Natur in der Stadt anzubieten. Das ist der Rahmen für diese Radtour in die Stuttgarter Geschichte.

Immer mehr Menschen finden Spaß am Radfahren. Was liegt also näher, als Stuttgart mit dem Fahrrad zu erkunden. Die für dieses Buch zusammengestellten Touren sind aus der Praxis von mehr als zwei Jahrzehnten Naturfreunde Radgruppe Stuttgart entstanden.

Die vorgestellten Sehenswürdigkeiten liegen nicht außerhalb in der freien Natur, sondern mitten im Leben, mitten in der City. Dies bringt natürlich bezüglich der Routenwahl einige Probleme mit sich, insbesondere da Stuttgart nicht besonders fahrradfreundlich ist. Wir haben daher versucht, die Routen zu den Themen so gut wie möglich zu gestalten. Das bedeutet aber beispielsweise, dass der in einer Fußgängerzone befindliche Schillerplatz in Stuttgart leider nur schiebend erreicht werden kann. Wir haben solche Schiebestrecken so kurz wie möglich gewählt und bitten um Beachtung. Weiterhin sind in Stuttgart derzeit einige Baumaßnahmen im Gange, die die Radwege beeinflussen können. Auch hier haben wir versucht, dies soweit wie möglich

mit einzuplanen. Grundsätzlich gilt natürlich die **StVO**,

Im Buch finden Sie zu Ihrer Orientierung **Karten** und eine textliche Beschreibung der Touren. Hilfreich ist immer auch eine Fahrradkarte, wie beispielsweise GeoMap Fahrradplan Stuttgart im Maßstab 1 : 20 000.

Natürlich können die Touren auch mit himmlischer Hilfe (**GPS**) erradelt werden. Die Tracks liegen im weit verbrei-

Jetzt gilt es: Stuttgart per Rad entdecken

teten GPX-Format vor und können von folgender Seite heruntergeladen werden: www.pipiorke.de.

Alle Touren sind mit dem **ÖPNV** erreichbar. Selbstverständlich können Touren auch beliebig unterbrochen und zu einem anderen Termin fortgesetzt werden. Im Regelfall ist immer eine Haltestelle in der Nähe.

Die Touren sind zu **Fuß** machbar. Durch die große Haltestellendichte kön-

nen längere Strecken mit dem ÖPNV überbrückt werden.

Nun aber genug der Theorie. Wir wünschen allen viel Spaß bei der Radtour in die Stuttgarter Geschichte! Und natürlich immer eine Handbreite Luft im Reifen!

Ihr(e)
Friederike Votteler & Peter Pipiorke
im Frühjahr 2014

Die Touren

1 Rund um den Schlossplatz

Die City-Tour zu den wichtigsten Sehenswürdigkeiten

Bevor wir uns größeren Themen und Strecken widmen, beginnen wir im Herzen Stuttgarts. Mit einer kleinen Tour rund um den Mittelpunkt der Landeshauptstadt, den Schlossplatz, wollen wir die Erkundung beginnen. Die Schlösser an der Strecke sind Thema bei den folgenden Touren 2 und 3.

🕐	1 ½ Std.
	5 km
	eben

Tipp zur Tour: Besuchen Sie das Rathaus und nutzen Sie dort die beiden vorhandenen Paternoster-Aufzüge. Ein seltenes Erlebnis nicht nur für Kinder.

Wegbeschaffenheit: Radwege, Schlossgarten, meist verkehrsarme Straßen. Eben.

Stuttgarter Hauptbahnhof von Paul Bonatz

Starten wollen wir dort, wo tagtäglich Menschen ankommen und abreisen, am Stuttgarter **Hauptbahnhof** (1). Gebaut wurde »umbilicus sueviae« (der »Nabel Schwabens«), wie der Entwurf der Architekten Paul Bonatz und Friedrich Eugen Scholer lautete, in den Jahren 1914–1928, zwischen Königreich und Republik. Gleis 16 ist das sogenannte Königsgleis mit den ehemals dahinterliegenden Empfangs- und Warteräumen. Das waren noch Zeiten, als Politiker mit der Eisenbahn reisten! In der großen Querhalle befindet sich in Richtung Osten ein Balkon, dort sollte der König den Bahnhof feierlich eröffnen. Doch zwischen Planung und Eröffnung lagen nicht nur der Erste Weltkrieg, sondern auch die Novemberrevolution samt Abdankung des Königs. An die royale Vergangenheit erinnern auch noch Reste des einstigen Königstors am Beginn der Königsstraße. Sie befinden sich nun ebenfalls in der Bahnhofshalle beim Abgang zur Klettpassage.

Deutschlandweit machte und macht der Bahnhof in den letzten Jahren immer wieder Schlagzeilen mit dem Umbau zu einem Tiefbahnhof – bekannt als Stuttgart 21. Zweifelhaft bleiben nach wie vor die Leistungsfähigkeit des geplanten

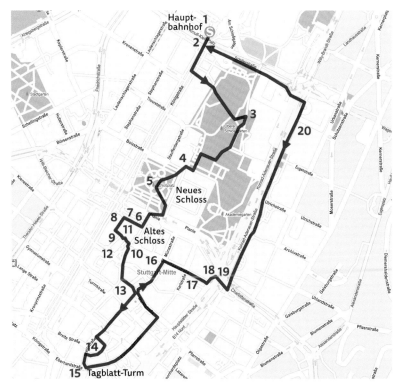

neuen Bahnhofs und die Verhältnismäßigkeit der Kosten. Trotz Denkmalschutz wurden die beiden Seitenflügel des Bonatzbaus bereits abgerissen, so dass er jetzt einem gerupften Huhn ähnelt.

Durch die Unterführung erreichen wir die Stuttgarter Flaniermeile, die **Königstraße** ②. Erst seit 1977 ist sie den Fußgängern vorbehalten. Dass die Einzelhändler einst die Stadt wegen Geschäftsschädigung verklagen wollten, als die Autos weichen mussten, davon will heute niemand mehr etwas wissen. Mittlerweile hat die Königstraße die höchsten Bodenpreise, wodurch kleine Läden zu Gunsten von Kaufhausketten längst verdrängt wurden. Wir verlassen die Königstraße durch die Theaterpassage und dürfen im Schlossgarten wieder radeln.

Zwischen Kleinem Haus (Schauspiel) und Großem Haus (Oper) befindet sich der **Schicksalsbrunnen** ③. Diesen Jugendstilbrunnen schuf Karl Donndorf (1870–1941) im Jahre 1914 in Gedenken an die kurz zuvor von ihrem vorletzten Liebhaber, dem Hofkapellmeister Aloys Obrist, ermordete Opernsängerin Anna Sutter. Sie war eine Künstlerin, die aus dem Rahmen der damaligen (spieß-)bürgerlichen Gesellschaft fiel. Ihre zahlreichen »Beziehungen«, aus denen zwei uneheliche Kinder hervorgingen, passten noch nicht so recht in ihre Zeit. Wie beliebt sie trotz alledem im pietistisch geprägten Stuttgart war, zeigt die Tatsache, dass an die 10 000 Trauergäste sie auf ihrem letzten Weg begleiteten. Wer hätte das von den biederen Stuttgartern erwartet? Die zwei Figurengruppen des Brunnens symbolisieren jeweils Freud und Leid, während in der Mitte die Schicksalsgöttin thront und in ihren verschlossenen Händen das Schicksal für jeden bereithält.

Vorbei am Eckensee erreichen wir das **Kunstgebäude** ④ – oder wie es der Volksmund wegen seines goldenen Hirschs bei der Eröffnung taufte, das »Gasthaus Hirsch«. Nicht so spaßig war allerdings die Auseinandersetzung zwischen den potenziellen Architekten für

In Memoriam Anna Sutter

diesen Bau: dem Jugendstilkünstler Bernhard Pankok (1872–1943) und Theodor Fischer (1862–1938), dem Architekten zwischen Tradition und Moderne (▸ Kasten S. 102). Beide, schon damals anerkannt, hatten offenbar unabhängig voneinander den Neubau an Stelle des Neuen Lusthauses geplant und gehofft, bauen zu dürfen. Bei einer Audienz vergab König Wilhelm II. den Auftrag schließlich an Theodor Fischer. Dies spaltete die Stadt in zwei Lager, die sich in den Zeitungen heftig bekämpften. Letztlich hat Stuttgart heute einen Jugendstilbau weniger, dafür einen schönen Bau von Fischer mehr.

Die Alte Kanzlei am Schillerplatz

Vor dem Kunstgebäude erstreckt sich der Schlossplatz mit der **Jubiläumssäule** Ⓢ in der Mitte, die zum 25-jährigen Regierungsjubiläum und 60. Geburtstag König Wilhelms I. von Württemberg errichtet wurde. Flankiert wird sie von zwei 1861 errichteten Schalenbrunnen, die symbolisch für eine verbesserte Wasserversorgung Stuttgarts stehen. Das Wasser kam aus dem neuen Wasserwerk in Berg. Die Figuren unter den Schalen symbolisieren württembergische Flüsse. Die Anlieferung der in Wasseralfingen gegossenen Schalen bereitete den Verantwortlichen nicht geringe Probleme: Zuerst passten sie nicht auf die üblichen Güterwagen, dann nicht durch die Remstalbrücke bei Schwäbisch Gmünd. Zu guter Letzt war der Durchgang beim Stuttgarter Königstor (Königstraße) so schmal, dass dort Abrissarbeiten mit anschließendem Wiederaufbau erforderlich wurden.

Überqueren wir den Schlossplatz, so fällt eine Säule mit goldener Figur auf, die Merkursäule mit dem **Kosaken-Brünnele am Fuße** Ⓢ. Der Name des Brunnens geht auf die Kosaken zurück, die hier 1814 nach dem Feldzug gegen Napoleon ihre Pferde tränkten. Bis 1862 trug die Säule einen Wasserkasten, über den die Brunnen im Alten Schloss versorgt wurden. Dem Wasserkasten folgte der vergoldete Merkur (Gott des Handels).

Gehen wir weiter, so erreichen wir den heutigen Schillerplatz, der bis 1934 (Alter) Schloss- oder Kanzleiplatz genannt wurde. Vermutlich gehörte dieser Platz bereits um das Jahr 1000 zum Stutengarten. Der heutige Platz geht auf das Jahr 1594 zurück, in welchem Friedrich I. keinen geringeren als Heinrich Schickhardt beauftragte, einen Renaissanceplatz zu schaffen. Bestehende Häuser wurden abgerissen und der Platz gepflastert. Rechts bei der Merkursäule befindet sich die **Alte Kanzlei** Ⓢ, einst Sitz der Verwaltung des Herzogtums Württemberg, deren Anfänge auf 1544 zurückgehen.

Wenden wir uns jetzt einem Gebäude mit einer fast unendlichen Baugeschichte zu, dem **Prinzenbau** ⑧. 1605 wurde unter Heinrich Schickhardt mit dem Kellergeschoss begonnen. Nach dem Tod des Herzogs 1608 und nach Ende des Dreißigjährigen Krieges konnte erst 1658 am Erdgeschoss weitergebaut werden; in den nächsten 15 Jahren folgten die weiteren Geschosse. 1715 wurde unter Johann Friedrich Nette die Fassade gestaltet und der Bau abgeschlossen, der ausländische Gesandte ebenso beherbergte wie Zeichenakademie und Kunstkammer. Erst ab 1805 wohnten hier die württembergischen Prinzen und gaben ihm damit den heutigen Namen: Prinzenbau.

Zur Linken wird der Platz mit der einstigen »Großen Kelter« von 1393 abgeschlossen, dem heutigen **Fruchtkasten** ⑨. Unter Heinrich Schickhardt büßte er einen Teil zu Gunsten der Gestaltung des Renaissanceplatzes ein und erhielt seine heutige Renaissance-Fassade. An die Verwendung als Kelter erinnert noch am First der auf einem Fass sitzende Weingott Bacchus. Auf der Rückseite finden wir den Geist der Schuster, das Hutzelmännlein, welches auf ein Märchen von Eduard Mörike zurückgeht.

Ein Kobold gut bin ich bekannt
In dieser Stadt und weit im Land;
Meines Handwerks ein Schuster war
Gewiß vor siebenhundert Jahr.
Das Hutzelbrod ich hab erdacht,
auch viel seltsame Streich gemacht.

Zwischen Altem Schloss und Stiftskirche stand bis zum letzten Krieg der berühmte Gasthof **»König von England«** ⑩. 1712 hatte an gleicher Stelle das erste Stuttgarter Kaffeehaus eröffnet.

Im Zentrum des Schillerplatzes thront der Namensgeber **Friedrich Schiller** ⑪. Sein Denkmal ist Ausdruck der großen Schillerverehrung, die Deutschland im 19. Jahrhundert erfasste. Auf Initiative des Stuttgarter Liederkranzes wurde einer der berühmtesten Bildhauer der Zeit, der Däne Bertel Thorvaldsen, für die Gestaltung des ersten Schillerdenkmals in Deutschland gewonnen. Sein Landsmann Hans Christian Andersen verfasste über die Entstehung das Märchen »Die alte Kirchenglocke«. Am 8. Mai 1839, dem 34. Todestag des berühmten Dichters, kamen in das 40 000 Einwohner zählende Stuttgart 30 000 Besucher zur Einweihung des Schillerdenkmals (▶ Tour 12 ⑧).

Gleich neben dem Schillerplatz ragen die beiden ungleichen Türme der **Stiftskirche** ⑫ in den Himmel. Ihr Hauptturm wurde in den Jahren 1490–1531 errichtet. Nach der Reformation sprudelten die Ablassgelder nicht mehr und der zweite Turm erhielt statt einer Turmspitze ein sparsames flaches Dach. Ein weiteres Opfer der Reformation wurden die vier Skulpturen der Kirchenväter an der um 1500 errichteten Kanzel. Ihre katholischen Kopfbedeckungen wurden zu Frisuren umgeschnitzt und die einstigen Kirchenväter kurzerhand in die vier Evangelisten umgedeutet. Sie stehen bis heute im Chorraum dieses zentralen Gotteshauses der Evangelischen Landeskirche in Württemberg.

Deren Ursprung geht zurück auf eine frühromanische, einschiffige kleinere Kirche aus dem 10./11. Jahrhundert, deren Fundamente unter dem Altarraum entdeckt wurden. Vermutlich unter Einfluss des benachbarten Schlosses wurde die Kirche immer weiter ausgebaut. So ließ Graf Eberhard um 1320 die Grablege der Württemberger aus Sicherheitsgründen von Beutelsbach nach Stuttgart bringen. Die dadurch gestiegene Anzahl an Priestern schlug sich in einem neuen, größeren Chor im frühgotischen Stil nieder. Mit Ablassgeldern baute Ulrich V. die Kirche weiter aus. Nach Herzog Ludwig wurden die elf Grafenstandbilder im Chor, ein Renaissancekunstwerk von 1574, als »Ludwigs Ahnengalerie« bezeichnet. Historisch korrekt sind die Grafen auf Löwen stehend (Heldensymbol) dargestellt.

Die im Zweiten Weltkrieg stark beschädigte Kirche wurde 1950 vereinfacht wieder aufgebaut. Das Langhaus erhielt eine Holztonne als Überwölbung. Die 1999 geschaffene Netzgewölbekonstruktion soll an die einstige dreischiffige Kirche erinnern. Auch das Aposteltor von 1494 an der Außenseite zur Kirchstraße, von dem nur die Figuren geblieben waren, wurde vereinfacht wieder aufgebaut.

Folgen wir der Kirchstraße, erreichen wir den Marktplatz mit dem **Rathaus** ⑬. Der einst mit Fachwerkhäusern umstandene Platz gehört leider der Vergangenheit an. Er wurde, wie fast die gesamte Innenstadt, im Zweiten Weltkrieg zerstört als Vergeltung für einen V-Waffen-Angriff auf London. So präsentiert er sich heute im italienisch angehauchten Flair der Nachkriegsära. Als weiteres Zeugnis

Das Alte Rathaus im Stil der flämischen Spätgotik

STUTTGART. Rathaus

des unseligen Krieges befindet sich unter dem Marktplatz noch ein Bunker. Nur Deckel an den Schmalseiten des Platzes künden von seinem Vorhandensein. Bis 1985 lebte der Bunker als beliebtes – weil preiswertes – 100-Betten-Hotel weiter, danach machte der fehlende Brandschutz seiner weiteren Nutzung ein Ende.

Beim Anblick des Rathauses bricht vielen Alt-Stuttgartern noch heute das Herz. Von 1901–1905 wurde der Vorgängerbau im Stil der flämischen Spätgotik von Heinrich Jassoy und Johannes Vollmer errichtet. 1944 fiel er den Bomben zum Opfer und brannte aus. Statt eines Wiederaufbaus verschwanden die Reste 1956 unter einer neuen Fassade, nur im hinteren Teil sind noch Reste des Vorgängerbaus mit schönen Steinplastiken erhalten.

Zur Freude nicht nur der Kinder besitzt das Rathaus noch zwei funktionierende Paternosteraufzüge. Musikalisch meldet sich das Rathaus mit schwäbischen Volksliedern: Jeweils um 11.06 Uhr, 12.06 Uhr, 14.36 Uhr und um 18.36 Uhr ertönt das Glockenspiel mit seinen 30 Glocken.

An der Ecke zur Hirschstraße befindet sich am Rathaus ein besonderes Überbleibsel aus früheren Zeiten, eine Stuttgardia. Diese allegorische Darstellung war einst Sinnbild des aufstrebenden Bürgertums und Schutzpatronin der Stadt. Unsere Stuttgardia hält links das Rathausmodell von 1905 und rechts einen Eichenzweig (▶ Tour 13 ㉒).

Durch den Durchgang auf der linken Seite des Rathauses immer geradeaus und nach der Nadlerstraße nach links, erreichen wir die Geissstraße mit dem **Hans-im-Glück-Brunnen** ⑭. Für den Brunnen nach dem gleichnamigen Märchen stand ein Filderbauer Modell. Lediglich aus dem Maul des Schweines floss einst Trinkwasser, die Enten dagegen spendeten aufgrund der einstigen Wasserknappheit »nur« Brauchwasser. Dieser Brunnen steht im Zentrum der Altstadtsanierung von 1906–1909, durchgeführt unter Regie des jüdischen Bankiers und Begründers des Vereins für das Wohl der arbeitenden Klassen, Eduard Pfeiffer. Dazu wurden ca. 10 Prozent der maroden Fachwerkhäuser abgerissen und durch neue Gebäude, breitere Straßen und einen Platz mit mehr Licht, Luft und Sonne ersetzt. Überragt wird das Viertel durch den im selben Zuge erstellten Graf-Eberhard-Bau, damals eines der modernsten Stuttgarter Geschäftshäuser. Pfeiffer konnte für dieses Projekt Theodor Fischer, Karl Hengerer, Paul Bonatz und Ludwig Eisenlohr als Architekten gewinnen.

Folgen wir der Geissstraße bzw. Steinstraße, dann erreichen wir Stuttgarts erstes Hochhaus und das erste Stahlbeton-Hochhaus mit Sichtbeton Deutschlands. 1928 wurde der 18-stöckige, 61 m hohe **Tagblatt-Turm** ⑮, als Wahrzeichen des »Neuen Bauens«, eingeweiht. Architekt war Ernst Otto Oßwald. Schräg gegenüber stand einst ebenfalls ein Gebäude der Superlative, das Kaufhaus Schocken des Architekten Erich Mendelsohn. Nach dem Kriege wieder aufgebaut, wurde es 1960 trotz aller, auch internationaler, Proteste, abgerissen und durch einen tristen »Eiermann Eierschalen« Kaufhausbau ersetzt.

Der Tagblatt-Turm, Symbol des Neuen Bauens

Wir folgen jetzt der Eberhardstraße, der ersten Stuttgarter Fahrradstraße. Am Ende links und gleich wieder rechts erreichen wir in der Münzstraße Stuttgarts Gourmettempel, die **Markthalle** ⑯. 1914 wurde der Jugendstilbau des Architekten Martin Elsaesser eröffnet. Heinrich Gref und Gustav Rümelin gestalteten die Fresken. Die Halle ersetzte den Gemüsemarkt von 1864 an der gleichen Stelle. Nach dem Zweiten Weltkrieg wurde das schwer beschädigte Gebäude wieder hergestellt. Doch was der Krieg

nicht schaffte, versuchte der Gemeinderat – einen Abriss. Die Halle sei veraltet, die Renovierung unrentabel und ein Erhalt nur soziale Romantik. Der Gutachter schlug einen Shop-in-Shop-Bau vor, wo das »Herz der Stadt schlagen sollte«. Und der Gemeinderat setzte noch eins drauf mit der Behauptung, die Markthalle sei kein Kulturdenkmal von Bedeutung. Doch die Sozialromantiker setzten sich durch und die Markthalle steht noch heute, mittlerweile auch als Kulturdenkmal. Auch Stuttgarts ältestes (still-

Hotel Silber: Vom Ort des Schreckens zum Gedenkort

gelegtes) 20 m langes Straßenbahngleis befindet sich in der Halle. Es zeugt von der Zeit, als in Stuttgart die Straßenbahn auch Waren transportierte (ca. 1911–1949). Die Bauern, insbesondere die Filderbauern mit ihrem Spitzkraut, beförderten so ihre Erzeugnisse zur Kundschaft im Stuttgarter Talkessel. Leider besteht diese Möglichkeit heute nicht mehr.

Von der Münzstraße biegen wir nach rechts in die Dorotheenstraße ein. Das letzte Haus auf der rechten Seite bei Haus Nr. 10 ist das einstige **Hotel Silber** ⑰.

Der Bau geht auf ein Wohnhaus von 1816 zurück. Nach verschiedenen Nutzungen erwarb Heinrich Silber 1874 das Anwesen und baute es zum Hotel aus. Der Name hat sich bis heute erhalten, auch wenn das Gebäude ab 1919 als Oberpostdirektion und ab 1928 als Polizeipräsidium, inklusive politischer Polizei, genutzt wurde.

Bereits 1933 funktionierte diese Polizeistelle ganz im Sinne der neuen Machthaber, nach Gründung der Gestapo 1937 dann als Gestapo-Zentrale für Württem-

Aussage eines Henkers nach 1945

Ein SS-Hauptscharführer gestand 1946 die Morde und berichtete über den Tod einer Frau: »Ja, ich hab das Weib gehenkt. Aber zuerst ist die Schnur abgekracht. Die Frau sagte zu mir: ›Sie haben doch auch eine Mutter, lassen Sie mich doch am Leben.‹ Da schlug ich sie aufs Maul und dann habe ich sie vollends aufgehängt.« 1952 wurden die Ermittlungen gegen ihn eingestellt, da er sich auf Befehle berief.

berg. In »Schutz«-Haft genommen und gefoltert wurden hier Eugen Bolz, der letzte Staatspräsident des Landes Württemberg, Liselotte Herrmann, Lina Haag, Kurt Schumacher sowie Sinti, Roma, Homosexuelle und andere. Insbesondere wurde hier auch die Deportation der württembergischen Juden organisiert. Noch am 19. April 1945, wenige Tage vor Kriegsende, wurden im Keller vier Gefangene erhängt.

Nach 1945 war das Hotel Silber wieder Polizeidienststelle, ab 1984 waren dort Teile des Innenministeriums untergebracht. 2008 sollte das Hotel Silber der Spitzhacke zugunsten einer Kaufhauserweiterung zum Opfer fallen. Dagegen setzten sich zahlreiche Bürger(initiativen) – erfolgreich – zur Wehr. 2011 wurde beschlossen, das Hotel Silber als Lern- und Gedenkort zu erhalten.

Nach diesem Abstecher in düstere Zeiten wenden wir uns nach links. Vor dem Charlottenplatz befindet sich ein gelblicher Gebäudekomplex, das alte **Waisenhaus** ⑱. Als Bau für die königliche Garde 1705 begonnen, fehlte durch die Verlegung der Residenz nach Ludwigsburg alsbald die besagte Garde. Praktisch denkend wurde daraus ein »Waisen-, Zucht- und Arbeitshaus« für Waisenkinder, für in Armut geratene Personen, aber auch ein Arbeitshaus für Trunkenbolde und boshafte Eheleute. Mit der Verlegung des Waisenhauses 1922 nach Ellwangen wurde der Komplex durch den Architekten Paul Schmitthenner umgebaut. Es zogen die Süddeutsche Rundfunk AG und das 1917 gegründete Deutsche Ausland-Institut ein. Letzteres beschäftigte sich mit der umfassenden Dokumentation deutschstämmiger Bevölkerungsgruppen im Ausland. Hiervon zeugt noch heute das Wappen über dem Portal zum Innenhof an der Seite zum Charlottenplatz mit seinem Schriftzug »Haus des Deutschtums«.

1933 wurde das Institut entsprechend der Nazi-Ideologie personell und inhaltlich neu ausgerichtet. Das Institut übernahm ideologische Arbeit für die Expansion Richtung Osten. Es betrieb Sippen- und Rassenkunde, lieferte Daten für Deportationen und Zwangsumsiedlungen. Im Rahmen »freundschaftlicher Beziehungen« zur Gestapo nebenan (Hotel Silber) denunzierte es Personen. Als Krönung dieser Arbeit sorgte der

NS-Oberbürgermeister Karl Strölin dafür, dass Stuttgart sich von 1936 an mit dem NS-Ehrentitel »Stadt der Auslandsdeutschen« schmücken durfte. 1951 startete die Nachkriegsarbeit des heutigen »Institutes für Auslandsbeziehungen« nebst »Forum für Kulturaustausch«, der Ifa-Galerie Stuttgart.

Zu unserer Rechten befindet sich der **Charlottenplatz** (19), das Denkmal für den Traum von der autogerechten Stadt. Der Charlottenplatz mit der Hauptstätter Straße ist Teil des Cityringes, dessen Planung auf das Dritte Reich zurückgeht. Nachdem die Stuttgarter Innenstadt 1945 in Trümmern lag, wurden wenige noch intakte Häuserzeilen abgerissen und man war der autogerechten Stadt ein großes Stück näher gekommen. Seitdem trennen diese Stadtautobahnen ganze Stadtviertel voneinander, gepaart mit Lärm, Staub und Abgasen. In den letzten Jahren wurden immer wieder Versuche unternommen, durch teilweise Überdeckelung und oberirdische Fußgängerüberwege diese Trennung abzumildern.

Überqueren wir nun den Charlottenplatz, biegen danach links ab und radeln entlang der Kulturmeile mit künftigem

Museum für Stadtgeschichte, Landesarchiv, Landesbibliothek, Haus der Geschichte, Staatsgalerie zur Rechten sowie Oper und Schauspiel zur Linken.

Kurz vor dem Wagenburgtunnel erhebt sich rechts die **»Neue Staatsgalerie«** (20). Sie geht auf das Museum der bildenden Künste von 1843 zurück. Den 1974 ausgeschriebenen Wettbewerb gewannen nicht etwa die einheimischen Koryphäen, sondern das Londoner Büro James Stirling, Michael Wilford & Associates. Kritik an der seit dem Dritten Reich verpönten historisierenden Monumentalität konterte Stirling so: »Wir hoffen, dass der Bau (...) monumental geworden ist, weil Monumentalität in der Tradition öffentlicher Bauten liegt. Aber ebenso hoffen wir, dass er informell und ›populistisch‹, volkstümlich, geworden ist.« Mittlerweile gilt dieser mit heimischem Travertin verkleidete Bau mit seinen kräftigen Farben als einer der wichtigsten Vertreter der postmodernen Architektur in Deutschland.

Nach dem Überqueren der Konrad-Adenauer-Straße nach links erreichen wir über die Schillerstraße wieder unseren Ausgangspunkt, den Stuttgarter Hauptbahnhof.

 Hauptbahnhof, Schlossplatz, Schillerplatz, Stiftskirche, Marktplatz, Tagblatt-Turm

 Tourstart und -ende: S-Bahn Stuttgart Hauptbahnhof

2 Herrschaftliches Stuttgart im Tal
Fürstliche Immobilien

Württembergs Herzöge und Könige haben einige Prachtbauten hinterlassen. Passend zu dieser Tour als Einstimmung aus einem Gedicht von Bertolt Brecht:

> *Wer baute das siebentorige Theben?*
> *In den Büchern stehen die Namen von Königen.*
> *Haben die Könige die Felsbrocken herbeigeschleppt?*

Nun, auch in Stuttgart haben sie schleppen lassen. Wir wollen in zwei Touren erradeln, was die damaligen Künstler und Handwerker hinterließen.

🕐	3 ½ Std.
→	25 km
🏔	280 m

Tipp zur Tour: Die Schlosskirche im Alten Schloss ist einen Besuch wert. Sie ist der erste Kirchenneubau nach protestantischem Verständnis und beherbergt eine herrschaftliche Gruft. Die Kirche wurde zeitweise als Bibliothek bzw. Apotheke genutzt.

Wegbeschaffenheit: Radwege, Schlossgarten, meist verkehrsarme Straßen. Von Bad Cannstatt nach Fellbach ansteigend. Zur Grabkapelle ein kurzer kräftiger Anstieg.

Startpunkt unserer Schlössertour ist passenderweise der Schlossplatz. Zunächst wenden wir uns jedoch einem abgerissenen Gebäude zu, dem aus dem Jahre 1850 stammenden **Kronprinzenpalais** ①. Das Palais stand einst dort, wo sich heute das Kunstmuseum Stuttgart bzw. eine Buchhandlung befinden, und diente bis zum Jahr 1918 den Kronprinzen und anderen Mitgliedern des Hauses Württemberg als repräsentativer Wohnsitz. Der in den Folgejahren als Ausstellungsgebäude und Kunstmuseum genutzte Bau wurde 1944 bis auf die Umfassungsmauern zerstört. Nach dem Krieg hätte er zwar wieder aufgebaut werden können, stand aber dem »Planiedurchbruch« für eine Straße im Wege. Gegen breiten Widerstand setzten sich die Abrissbefürworter um den OB Arnulf Klett durch. 1963 erfolgte der Abriss zugunsten des Tunnels. 1968 erhielt der Tunnel einen Deckel, den »Kleinen Schlossplatz«. Doch es stellte sich heraus, dass das Projekt, an dem angeblich

die Zukunft Stuttgarts (!) hing, nicht funktionierte und nutzlos war. Ein schneller Abriss mehr, der langfristig nichts einbrachte. 1993 verschwand der Tunnel unter der Erde und der Eingang wurde schamhaft hinter einer Freitreppe versteckt. 2005 erhielten Teile des Tunnels dann doch noch eine Verwendung als Ausstellungsräume des Kunstmuseums.

Dem Abriss nur äußerst knapp entging dagegen das **Neue Schloss** ⑦, das im Krieg ebenfalls stark in Mitleidenschaft gezogen worden war. Nach heftigen Protesten aus der Bürgerschaft beschloss der Landtag 1957 – mit einer Stimme Mehrheit – schließlich den Wiederaufbau des Schlosses. Heute ist es Sitz des Finanzministeriums.

Der dreiflügelige Bau geht auf Herzog Carl Eugen zurück, der nach seinem Amtsantritt 1737 seine Residenz von Ludwigsburg wieder zurück nach Stuttgart verlegen lassen wollte. Als Preis für die Rückkehr forderte er ein »Neues Schloss« von der Ständeversammlung, die schon für die Ludwigsburger Residenz aufkommen musste. Das Schloss stand immer wieder im Zeichen der Verschwendungssucht Carl Eugens.

1746 konnte schließlich der Grundstein gelegt werden, der Bau kam aber 1751 bereits ins Stocken, da der Architekt Leopoldo Retti verstarb. Ihm folgte der Pariser Architekt Philippe de La Guêpière, der, vom Schloss Versailles inspiriert, den zum Schlossgarten gele-

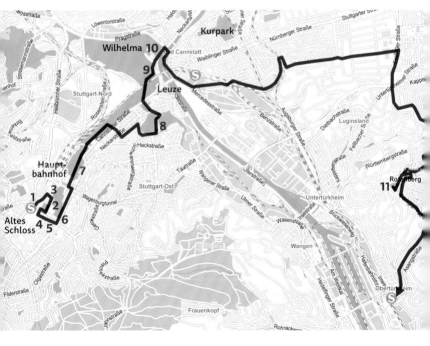

Kunstgebäude: Gasthaus Hirsch

genen Gartenflügel, den Mittelbau und den Stadtflügel (Westseite) hinzufügte. 1762 brannte der Gartenflügel nebst Inneneinrichtung aus. Die Geburtstagsfeier Carl Eugens am 11. Februar 1763 war dann die Einweihung des (fast) fertig gestellten Stadtflügels. Damit war der Rest aber noch lange nicht vollendet. Mit der Bauzeit wuchsen die Ansprüche des Herzogs immer mehr, so dass ihm die Wiener Reichshofkammer und die Ständevertretung Verschwendungssucht vorwarfen. Worauf der Herzog die Residenz wieder nach Ludwigsburg verlegte, von wo aus er 1775 doch wieder zurückkehrte. Ab diesem Zeitpunkt wurde auch wieder am Schloss gebaut. Nach Carl Eugens Tod 1793 war der Bau im Jahre 1807, also über 60 Jahre nach Grundsteinlegung, weitgehend vollendet.

Gleich neben dem linken (Garten-)Flügel befindet sich unser nächstes Ziel, das 1913 eingeweihte **Kunstgebäude** ③ von Theodor Fischer, vom Volksmund – wegen des goldenen Hirsches auf der Kuppel – auch »Gasthaus Hirsch« genannt.

1584–1593 errichtete der Hofbaumeister Georg Beer, im Auftrag Herzog Ludwigs, an gleicher Stelle das »Neue Lusthaus«. Architektonisch ein weithin anerkanntes Meisterwerk der Renaissance, im Inneren ein Brunnensaal mit Wasserspielen sowie im Obergeschoss einer der größten weltlichen Festsäle seiner Zeit. Herzog Friedrich I. hatte hier ein Labor eingerichtet, in dem er Alchimisten beschäftigte, die für seinen luxuriösen Lebenswandel Gold herstellen sollten.

Im 18. Jahrhundert wurde das Lusthaus zur drittgrößten Oper Europas ausgebaut und in der Mitte des 19. Jahrhunderts zum Königlichen Hoftheater. 1902 wurde das Theater durch einen verheerenden Brand zerstört. Nur mit großer Mühe konnte ein Übergreifen auf das Neue Schloss verhindert werden. Beide Gebäude waren mit einem Gang verbunden, damit Königs samt Hofstaat trockenen Fußes ins Theater gelangen konnten. Die Ruine des Lusthauses wurde zugunsten des Kunstmuseums abgerissen. Die Treppe wurde in den Mittleren Schlossgarten versetzt, weitere Teile befinden sich bei der Villa Berg und im Lapidarium.

Über die Planie, vorbei an der Vorderfront des Neuen Schlosses, erreichen wir, uns leicht rechts haltend, das **Alte Schloss** ④.

Die Einfälle der Ungarn im Mittelalter mit ihren erfolgreichen Reiterheeren verursachten eine Aufrüstung. Jeder kleine Fürst wollte die neue Wunderwaffe, eine schlagkräftige Reiterei. Damit schlug die Geburtsstunde des Stutengartens, des heutigen Stuttgart – und mittendrin eine Wasserburg, um das Jahr 950 erbaut, Vorläufer des heutigen Alten Schlosses. Das Reiterstandbild Ludwig von Hofers (1859) im Innenhof erinnert an »Graf Eberhard im Bart«, den ersten Herzog von Württemberg, der Stuttgart 1482 zur Residenz erhob.

In den Jahren 1553–1578 wurde die Burg zu einem Renaissance-Schloss ausgebaut. Noch heute besonders sehenswert sind der Innenhof im Stil der Renaissance, die Schlosskirche von 1562 mit Königsgruft und eine am Hauptbau angelagerte Treppe, auf der Reiter weiter

ins Innere des Schlosses gelangen konnten. Im 18. Jahrhundert wurde durch Zuschütten der Gräben aus der Wasserburg eine »Landburg«. Die Schäden eines Brandes aus dem Jahre 1931 waren noch nicht behoben, als das Schloss im Zweiten Weltkrieg wiederum stark zerstört wurde. Erst 1971 war der erneute Wiederaufbau abgeschlossen. Heute beherbergt das Alte Schloss das Landesmuseum Württemberg und die Erinnerungsstätte für den am 20. Juli 1944 hingerichteten Claus Graf Stauffenberg.

Hinter dem Alten Schloss biegen wir nach links in die Dorotheenstraße. Zu unserer Linken befindet sich das **Kaiser-Wilhelm-Denkmal** ⑤ von 1898. Trotz immer wieder aufkommender Diskussionen, den Platz von ihm zu befreien, werden wir beim nächsten Punkt nochmals auf ihn zu sprechen kommen. Dazu überqueren wir den Charlottenplatz und biegen danach gleich nach links ab und erreichen das **Wilhelmspalais** ⑥. Der klassizistische Bau wurde in den Jahren 1834–1840 von Giovanni Salucci für König Wilhelm I. errichtet. Die Inneneinrichtung übernahm Karl Ludwig von Zanth, der Erbauer der Wilhelma. Der letzte royale Besitzer war König Wilhelm II., bis am 9. November 1918 Arbeiter und Soldaten das Palais infolge der Novemberrevolution besetzten und die rote Fahne hissten. Gleichfalls wurde Kaiser Wilhelm am bereits erwähnten Reiterstandbild eine rote Fahne und zudem noch eine Zipfelmütze verpasst. Am selben Abend begab sich der König ins Schloss nach Bebenhausen, dankte ab und betrat aus Ver-

Wilhelmspalais:
Das zukünftige
Stadtmuseum

ärgerung über seine undankbaren Untertanen nie mehr Stuttgarter Boden. Selbst der Leichenzug nach seinem Tod im Jahre 1921 machte auf dem Weg nach Ludwigsburg einen Bogen um Stuttgart. Das Palais diente danach als Ort für Ausstellungen sowie als Bücherei, zukünftig soll es das neue Stadtmuseum beherbergen.

Wir folgen dem Verlauf der Konrad-Adenauer-Straße und überqueren bei der nächsten Kreuzung nach der Staatsgalerie erst die Bundesstraße, dann die Schillerstraße, um in den Mittleren Schlossgarten zu gelangen. Links am Planetarium vorbei erreichen wir die Reste des »Neuen Lusthauses«, die sogenannte **Lusthausruine** (7).

Dabei handelt es sich um den ehemaligen Arkadengang mit zwei Treppen. Nach dem Brand des Hoftheaters wurde es zwei Jahre später in den Schlossgarten versetzt. In der Vergangenheit hatte das Land Baden-Württemberg die Ruine vergammeln lassen und erhoffte damit, das über 400 Jahre alte Gemäuer kosten-

günstig loszuwerden. Doch man hatte nicht mit der Rettungs-Initiative des Architekten Roland Ostertag gerechnet. Das Ergebnis: die Ruine soll saniert und Gerüste sowie Zäune entfernt werden.

Wir fahren weiter durch den Schlossgarten Richtung Bad Cannstatt, überqueren auf einem Steg die Cannstatter Straße. Hinter dem Spielplatz geht es über einen weiteren Steg zur Neckarstraße, die wir überqueren. Durch die Heinrich-Baumann-Straße nach links in die Stöckachstraße. Am Ende nach rechts in die Werderstraße und beim Kreisverkehr in die Sickstraße. Auf Höhe der Ostendstraße geht es nach links im Park aufwärts zur **Villa Berg** (8). Die Villa wurde für Kronprinz Karl in den Jahren 1845–1863 von Christian Friedrich von Leins errichtet. Später ging sie zunächst in den Besitz der Stadt Stuttgart (1913) über, danach nutzte sie der Süddeutsche Rundfunk (ab 1950). Seit 2007 ist sie im Besitz von Investoren und zerfällt zunehmend. Die Villa im Stile der italienischen Renaissance

Das von Hofbaumeister Giovanni Salucci erbaute Schloss Rosenstein

besticht durch reich gegliederte Fassaden, die keine Hauptseite, sondern vier nahezu gleichberechtigte Fassaden mit vielfachem figürlichem und ornamentalem Schmuck vorweisen.

Über zwei Stege erreichen wir nun das Mineralbad Berg. Hinter der Stadtbahnhaltestelle führt ein Weg bergauf zu unserem nächsten Ziel, dem **Schloss Rosenstein** ⑨ auf dem einstigen Kahlen Stein, mit schönem Blick über das Neckartal. Hofbaumeister Giovanni Salucci erbaute es im Auftrag von König Wilhelm I. Im 1830 fertiggestellten klassizistischen Bau befinden sich vier Bereiche: Der Festsaal im Mittelbau, darüber wohnte Kronprinz Karl, im westlichen Flügel residierten die Prinzessinnen und im östlichen Flügel Königin Katharina und König Wilhelm I.

Die Regierungszeit dieses Königspaars stand unter dem Stern der Hungerjahre

nach 1816. Katharina versuchte durch Gründung von Institutionen wie Wohltätigkeitsvereinen, Landessparkasse, Katharinenhospital, Katharinenstift oder Suppenküchen der Not zu begegnen, während Wilhelm I. sich derweil als Schürzenjäger profilierte. Der Sohn der Hofgärtnerin Eleonore Kalle sah dem König frappierend ähnlich und wurde von diesem zeitlebens gefördert. Wilhelm hatte weiter eine Affäre mit Blanche la Flèche, mit der er gemeinsam in Urlaub fuhr, und unterhielt weitere Beziehungen zur Sängerin Johanna von Pistrich und zur Hofschauspielerin Amalie von Stubenrauch.

Von berechtigter Eifersucht getrieben soll Katharina Ende 1818 mit einer Kutsche zum Schloss Scharnhausen aufgebrochen sein. Die letzte Strecke legte sie durch den Schnee zurück und ihr Verdacht wurde zur Gewissheit. Diese nächtliche Kutschenfahrt gab ihrer angeschlagenen Gesundheit den Rest. Katharina verstarb am 1. Januar 1819, ganz Stuttgart trauerte, an der Spitze Wilhelm! In einer rührigen Aktion ließ er die Stammburg der Württemberger auf dem Rotenberg abreißen und für Katharina eine Grabkapelle errichten. Beim Schloss wurde ein Rosengarten angelegt für die Lieblingsblumen seiner Frau, der auch für die Zukunft den Namen für das Schloss bestimmte: Schloss Rosenstein. So konnte Wilhelm über den Rosengarten hinweg zur **Grabkapelle** (11) blicken, über deren Portal in goldenen Lettern geschrieben steht: »Die Liebe höret nimmer auf«. Aber immer wieder zu einer anderen, kann man bei so viel Selbstinszenierung nur sagen.

Wir biegen nach links ins Neckartal – vorbei an der **Wilhelma** (10). Nach der Entdeckung von Mineralquellen wollte sich König Wilhelm I. hier ein Badehaus errichten lassen. Wegen der Hungerjahre und dem Elend des Volkes traute er sich jedoch erst 1837, den Architekten Karl Ludwig von Zanth mit der Planung eines maurischen »Badhauses« zu beauftragen. Die Alhambra in Granada stand dabei Pate. Aus dem »Badhaus« wurde zu guter Letzt ein großräumiges repräsentatives Landhaus mit Orangerie, Pavillons und vielem mehr.

Nach der Abdankung der Württemberger ging die Wilhelma in Staatsbesitz über. Aus dem maurischen Garten wurde ein botanischer. Nach Beseitigung der Kriegszerstörungen öffnete die Wilhelma

Wilhelma: Die Alhambra von Cannstatt

1949 wieder ihre Tore, begleitet von einer Aquarienschau, der eine Vogelschau sowie Ausstellungen mit Tieren des deutschen Märchens, Schlangen, Krokodilen, afrikanischen Steppentieren, indischen Dschungeltieren, usw. folgten. Dummerweise wurde dabei stets »vergessen«, die Tiere später wieder wegzugeben. Gegen den Widerstand des Landes sammelte sich so mit der Zeit eine nicht unerhebliche Anzahl von Tieren an. Aus dem botanischen wurde nun auch ein zoologischer Garten, seit 1960 dann mit Zustimmung des Landes. Die Wilhelma sollte man sich für einen Extra-Besuch aufheben.

Auf dem Weg zu unserem letzten Ziel überqueren wir den Neckar bei der Rosensteinbrücke und fahren nach rechts am Fluss entlang, vorbei an der Schleuse. Danach unterqueren wir die Brücke und wenden uns rechts aufwärts.

Oben angekommen biegen wir wieder rechts ab und fahren links des Wasens bis zur ersten Fußgängerampel und nochmals links weiter in den Veielbrunnenweg. An dessen Ende geht es unter den Bahngleisen hindurch und weiter über Deckerstraße, Oberschlesische Straße immer links der Bahngleise. Beim Ebitzweg überqueren wir diese zweimal rechts zur Remstalstraße. Nach links geht es anschließend die Rommelshauser Straße aufwärts bis nach Fellbach. Hier biegen wir nach rechts in die Esslinger Straße und überqueren die Untertürkheimer Straße. An der nächsten Gabelung wählen wir den linken Abzweig und radeln entlang der Weinberge. Am Ende kurz rechts und gleich wieder links. An der nächsten Kreuzung erneut rechts und gleich wieder links. Hinter dem Steinhäuschen ebenfalls rechts und dann links führt der Weg nach Rotenberg, das wir auf der rechten Ortsseite umrunden. An der Hauptstraße erst links und dann rechts aufwärts geht es zur **Grabkapelle** ⑪ mit ihrer schönen Aussicht.

Die 1824 nach Plänen von Hofbaumeister Giovanni Salucci fertiggestellte Grabkapelle für Katharina Pawlowna (1788–1819), russische Zarentochter und württembergische Königin, steht an der Stelle der einstigen Stammburg der Württemberger. Der Innenraum beherbergt die vier Evangelisten. Im Untergeschoss befinden sich die Sarkophage Katharinas,

Grabkapelle: Die Liebe höret nimmer auf...

ihrer Tochter Marie Friederike Charlotte und König Wilhelms I. Sowohl die Evangelisten als auch die Sarkophage bestehen aus Carrara-Marmor. Von 1825–1899 wurde die Grabkapelle als russisch-orthodoxes Gotteshaus genutzt. Dazu gehören das am Fuße des Rotenberg gelegene Predigerhaus und das Psalmistenhaus (Wirtschaftsgebäude). Heute werden nur noch am Pfingstmontag russisch-orthodoxe Gottesdienste abgehalten.

Nach dem Besuch der Grabkapelle radeln wir zurück nach Rotenberg, hier zweimal rechts und die Markgräflerstraße abwärts nach Uhlbach. Anschließend geht es die Uhlbacher Straße abwärts nach Obertürkheim zur S-Bahn oder dem Neckartalweg folgend nach Bad Cannstatt.

 Altes und Neues Schloss, Villa Berg, Schloss Rosenstein, Grabkapelle Rotenberg

 Tourstart: S-Bahn Stuttgart-Mitte
Tourende: S-Bahn Stuttgart-Obertürkheim

3 Herrschaftliches Stuttgart auf der Höh

Fürstliche Zweitwohnsitze

In der zweiten Runde Herrschaftliches Stuttgart schwingen wir uns zu Stuttgarts Höhen auf, ggf. mit dem ÖPNV. Auch hier gibt es schöne Beispiele der Prunksucht der Württemberger zu besichtigen. Mit dabei in dieser Runde zwei Beispiele aus dem »Dorf«-Adel.

🕐	5 Std.
➡	66 km
🏔	448 m

Tipp zur Tour: Ein Abstecher zum Solitude-Friedhof. Bevor wir nach dem Besuch des Schlosses Solitude von der Bergheimer Steige nach rechts in den Wald abbiegen, laufen wir durch den auf der linken Seite gelegenen kleinen Friedhof. Hier befinden sich die Gräber u. a. des Künstlers Fritz von Graevenitz, des Ballettchefs John Cranko, des Unternehmers Robert Bosch jun. und der Familie Weizsäcker.

Wegbeschaffenheit: Meist verkehrsarme Straßen, Radwege, landwirtschaftliche Wege, Waldwege. Eine kurze Steilstrecke zum Scharnhauser Amor-Tempel. Nach Möhringen langgestreckter moderater Anstieg.

Unsere Schlössertour in der Höh beginnt bei der Stadtbahnhaltestelle Waldau, im Schatten des Stuttgarter Fernsehturms. Unser Weg führt in entgegengesetzter Richtung bis zum Königssträßle, dessen Name Programm ist. Hier biegen wir links ab, immer dem Verlauf der Straße folgend, die später Schillerweg bzw. Birkheckenstraße heißt, und folgen der Aulendorfer Straße nach Birkach. Am Ende der Birkheckenstraße wechseln wir in die Alte Dorfstraße, wo sich alsbald auf der linken Seite die **Franziska-Kirche** ① erhebt. Am 4. November 1780 wurde sie geweiht. Architekt war Reinhard Ferdinand Heinrich Fischer, der die Kirche im Auftrag von Herzog Carl Eugen für Franziska von Hohenheim bauen ließ. So die vornehme Auslegung. Die etwas deftigere lautet: Der verheiratete, aber von seiner kirchlich getrauten Ehefrau Herzogin Elisabeth Friederike Sophie getrennt lebende Herzog ließ von einem seiner zahlreichen illegitimen Kinder, dem Architekten Reinhard Ferdinand Heinrich Fischer, für eine seiner Mätressen, die geschiedene Franziska von Hohenheim, eine Kirche bauen. Ob der Herzog solche Moralvorstellungen auch von seinen Untertanen akzeptiert hätte, ist mehr als fraglich.

Wie es auch sei, gleich mehrmals verewigte sich Carl Eugen an und in der Kirche mit seinem CC-Monogramm bzw. mit dem Herzogshut. Am Portal mit der Inschrift: Templum a Carolo structum, die Caroli consecratum MDCCLXXX (Die Kirche wurde von Carl gebaut und am Carlstag eingeweiht 1780) sowie an der Empore, an der Kirchendecke und auf der Kirchturmspitze.

Wir folgen der Alten Dorfstraße geradeaus weiter, die alsbald Schwerzstraße heißt, bis kurz vor das Schloss und biegen erst nach rechts in die Fruwirthstraße und gleich wieder nach links ab. Wir ha-

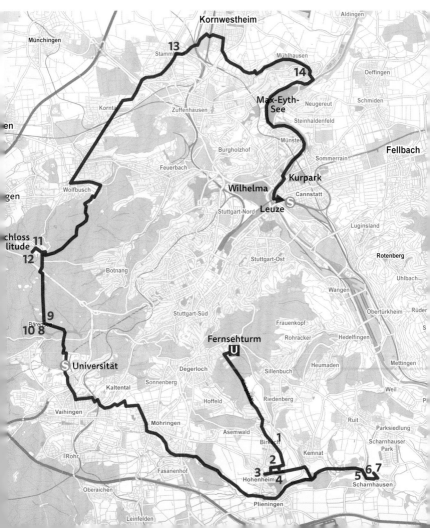

Schloss Solitude war gestern, dann kam Schloss Hohenheim

ben die **Speisemeisterei** ② von 1773 erreicht. Hier lebten Herzog Carl Eugen und seine Mätresse in wilder Ehe, bis das Schloss fertiggestellt war. Heute befindet sich ein Restaurant an gleicher Stelle, in dem herzoglich gespeist werden kann.

Wieder zurück zur Fruwirthstraße, in die wir nach links abbiegen, dann links in die Heinrich-Pabst-Straße und später rechts in die Garbenstraße. Wir stehen nun vor dem **Exotischen Garten** ③, der auf das Jahr 1776 zurückgeht. Es entstand im Maßstab 1 : 4 das »Englische Dörfle« im Stile des Rokoko, ein Vorgriff auf Vergnügungsparks unserer heutigen Zeit. Jedoch war dieses Dörfle nur zwei Personen vorbehalten. In über 60 Miniatur-Häusern wurde das einfache Leben gespielt. Erhalten geblieben sind das »Römische Wirtshaus«, das Spielhaus sowie die »Säulen des donnernden Jupiter«. Ebenfalls erhalten geblieben ist eine Ka-

pelle, die allerdings um 1800 auf die Insel beim Schloss Monrepos bei Ludwigsburg verlegt wurde. Zusätzlich wurden exotische Gewächse angepflanzt.

Fahren wir auf der Garbenstraße zurück, so gelangen wir auf die Vorderseite des **Schlosses Hohenheim** ④. Einst residierten hier die Herren von Hohenheim in ihrem Gut. Nach mehrfachem Besitzerwechsel fiel das Schloss 1769 an Herzog Carl Eugen, der es von 1772 an durch seinen Hofbaumeister Reinhard Ferdinand Heinrich Fischer sukzessive umbauen ließ. 1776 wurde es offiziell zur Sommerresidenz erkoren. Die 1782 begonnenen Bauarbeiten für ein aufwendiges Residenzschloss hatten durch den Tod Carl Eugens 1793 ein jähes Ende gefunden, doch die Gründung der landwirtschaftlichen Unterrichts-, Versuchs- und Musteranstalt am 20. November 1818 durch König Wilhelm I. und Königin Katharina beendete etwa 20 Jahre später den Dornröschenschlaf. Heute werden die Gebäude von der Universität Hohenheim und von der Staatsschule für Gartenbau und Landwirtschaft genutzt. Im Zweiten Weltkrieg wurden die Seitenflügel des Schlosses beschädigt, jedoch später wiederhergestellt. Bei der Modernisierung der Schlossanlage in den 1970er-Jahren wurde der Rokokostuck abgeschlagen, ein fataler Fehler, der in den 1990er-Jahren wieder rückgängig gemacht werden konnte.

An der Vorderfront des Schlosses entlang, die Kirschenallee abwärts, überqueren wir die Mittlere Filderstraße. Unmittelbar vor dem Ramsbach biegen wir nach rechts ab. Am Ende des Weges überqueren wir den Ramsbach und stehen vor einer Kläranlage. Hier haben wir die Wahl: Fahren wir gleich über die zweite Brücke der Körsch in Richtung Möhringen, oder machen wir vorher noch einen kurzen Abstecher zum Schloss Scharnhausen. Die Strecke dorthin führt durch das schöne Körschtal, beträgt hin und zurück insgesamt 7 km und weist einen Höhenunterschied von 34 m auf.

Abstecher zum Schloss Scharnhausen: Wir folgen dem Weg zwischen Kläranlage zur Linken und Körsch zur Rechten. Vorbei an der Polizei-Reiterstaffel überqueren wir die Reutlinger Straße. Immer geradeaus erreichen wir bald die Ruiter Straße, bei der wir erst nach rechts und gleich wieder nach links abbiegen. Somit stehen wir unmittelbar vor dem **Gestütshof Scharnhausen** (s).

Ein schönes Aushängeschild ist der Brunnen von 1822 mit dem säugenden Fohlen, auch wenn er zunächst zur Forel-

Schloss Scharnhausen: Noch ein Wochenendhäuschen für Carl Eugen

lenzucht benutzt wurde. Er stammt aus der Gießerei Wasseralfingen. 1823 entstand der erste Stutenstall an dieser Stelle, 1836 das Stallgebäude entlang der Straße, das Platz für 100 Fohlen bot. 1928 kam das Aus für die berühmte Zucht von Araberpferden durch die Verlagerung der Aufzucht ins Landesgestüt Marbach auf der Schwäbischen Alb.

Folgen wir dem Lauf der Körsch weiter, dann sehen wir zur Linken leicht erhöht das **Schloss Scharnhausen** ⑥ liegen. Es wurde 1784 vom Hofbaumeister Reinhard Ferdinand Friedrich Fischer für Herzog Carl Eugen als »Lustschloss« errichtet und ist heute nicht mehr frei zugänglich, da es von den Nachfahren der Württemberger verpachtet wurde. Im Dreiecksgiebel lesen wir noch heute: »Carolus Otio« (Carl zur Muße). Teil dieser Muße war ein Park mit Gewässer, Insel, einer Grotte, einem Rinden- und einem Mooshäuschen sowie einer künstlichen Ruine mit Billardsaal.

Radeln wir am Schloss vorbei auf der Nellinger Straße und nach links die Wagenmannsteige hinauf, erreichen wir den **Amor-Tempel** ⑦. Diesen kleinen Tempel ließ Carl Eugen 1788 wohl als Gartenlaube mit Tisch und »Gartenkanapee« für seine Mätresse Franziska errichten.

Nach diesem Ausflug zum Scharnhauser Schloss radeln wir zurück bis zur Kläranlage. Hier biegen wir nach links auf die kleine Brücke über die Körsch ab. Dahinter geht es sogleich wieder rechts die Körsch aufwärts. Wir folgen der Maurenstraße, unter der Mittleren Filderstraße hindurch über die Paracelsiusstraße kurz in

die Lupinenstraße, dann die Fraubronnstraße entlang. Hinter der Filderhauptstraße zweigen wir von der Fraubronnstraße über die Körschbrücke nach rechts ab. Bei der nächsten Gabelung halten wir uns links, so dass wir immer rechts von der Körsch das Tal aufwärts radeln, bis wir die Bebauung von Möhringen erreichen. Über den Weg Im Schießgärtle und die Dinghofstraße erreichen wir die Pezoldstraße. Von ihr biegen wir nach rechts ab über den Oberdorfplatz. Jetzt folgen wir der Maierstraße, dann der Balinger Straße. Am Ortsrand geht es nach links ab, dann biegen wir hinter der Bebauung auf der linken Seite erst nach rechts und dann kurz hintereinander links, rechts, links ab. So erreichen wir die Nesenbachtalbrücke, über die wir die Kaltentaler Abfahrt queren. Rechts der Bahngleise fahren wir vor bis zur Eisenbahnbrücke, die wir nach links überqueren und dann gleich nach rechts abbiegen. Nun folgen wir der Paradiesstraße inkl. der Linkskurve bis zur Robert-Leicht-Straße, in die wir nach rechts abbiegen. Über den Kreisverkehr hinweg erreichen wir die Allmandstraße und queren die Nobel-/Universitätsstraße. Auf letzterer fahren wir bis zum Pfaffenwaldring, in den wir nach links abbiegen. Am Waldrand, wenn sich die Straße nach rechts wendet, biegen wir nach links und gleich wieder nach rechts ab. Wir halten uns immer geradeaus, bergab und müssen die vielbefahrene (!) Magstadter Straße queren. Hinter dem Deich zwischen den beiden Seen halten wir uns links und erreichen über die Schlösslesallee unser nächstes Ziel, das **Bärenschlössle** ⑧.

Dessen Vorgängerbau, ein Lustschloss, wurde 1768 vom Hofbaumeister Reinhard Ferdinand Heinrich Fischer im Auftrag von Herzog Carl Eugen erbaut. Namensgebend für den Bau am künstlich angelegten Bärensee war der in der Nähe fließende Bärenbach, der heutige Bernhardsbach. Das Bärenschlössle war Ort rauschender Feste unter Carl Eugen, wovon heute noch zwei Überbleibsel zeugen. Zum einem die **Schäferhütte** ⑨, die sich rechter Hand vor dem Schlössle, am Beginn des Weges zur Wildparkstraße, in einer Senke befindet, sowie die zwei venezianischen Löwen an der einstigen **Gondelanlegestelle** ⑩ bei der Treppe hinunter zum See. 1766/67 hatte der Herzog diese Gondeln – einige Berichte schreiben auch von Gondolieren – aus Italien mitgebracht und ließ sich fortan damit auf dem Bärensee in venezianische Träume schaukeln. Das Schlössle war auch Schauplatz sogenannter Prunkjagden, wofür Bauern, unabhängig davon, wie dringend ihre Arbeit auf dem Felde war, Wild zusammentreiben und

Venezianische Löwen für schwäbische Gondeln

Ein Platz für herzogliche Schäferspiele

33

Schloss Solitude: Viel Aufwand für ein bisschen Einsamkeit

bewachen mussten. So wurde anlässlich der Jagd zu Ehren des Großfürsten Paul von Russland am 24. September 1782 sogar Wild aus dem Schönbuch zum Bärensee gebracht. Bei der Jagd wurde es durch den See getrieben und von den »Jägern« abgeknallt.

Nach Carl Eugens Tod geriet das Bärenschlössle in Vergessenheit. 1817 wurde es abgerissen und im Auftrag von König Wilhelm durch einen Jagdpavillon, der zuvor in Freudental gestanden hatte, ersetzt. Zudem wurden Wildgehege für Schaujagden angelegt. Der Park war nicht frei zugänglich, er konnte allenfalls mit einer vorher beantragten Eintrittskarte, auf vorgeschriebenen Wegen und an vorgegebenen Tagen betreten werden. Dies änderte sich erst nach dem Ende der Monarchie.

Wir folgen dem Bärensträßle bis zur Wildparkstraße, die wir überqueren, um

dann weiter geradeaus auf der Solitudestraße bis zur Kreuzung zu radeln. Hier
führt uns eine gleichnamige Allee zum
Schloss Solitude ⑪.

Solitude (franz.) bedeutet Einsamkeit,
doch mit der Einsamkeit war es vorbei,
als sich Herzog Carl Eugen in absolutisti-
scher Manier hier ein Jagdschloss erbauen
ließ. Dies geschah zum Leidwesen insbesondere der Bauern, die die Prunksucht
letztendlich nicht nur bezahlen mussten,
sondern zusätzlich in unzählige Frondienste gepresst wurden. Nicht wenige
wählten die Auswanderung, um dem Unheil und bitterster Armut zu entgehen.

Selbst den Landständen in Stuttgart
wurde diese Verschwendung, die das
Land Württemberg an den Rand des
Ruins führte, zu viel. Sie protestierten
massiv, was zur Folge hatte, dass Carl Eugen beleidigt seine Residenz von Stuttgart nach Ludwigsburg verlegte. Entsprechend wurde eine »Rennpiste« zwischen Solitude und Ludwigsburg gebaut,
die Solitudeallee, die nur der Herrschaft
vorbehalten war. Selbst Bauern, die ihre
Frondienste abliefern wollten, durften sie
nicht benutzen. 1820 fand sie doch noch
eine sinnvolle Verwendung als Basislinie
der württembergischen Landvermes-
sung. Daran erinnert eine in den Boden
eingelassene Tafel unter dem Schloss.
Demnach hat die Allee eine Länge von
40 118,718 Pariser Fuß. Sie ist noch heute
klar in der Landschaft erkennbar.

1763–1765 wurde die Schlossanlage
von den Architekten Johann Friedrich
Weyhing und Philippe de La Guêpière erbaut und war wiederum ein Ort rauschen-

der Feste. Doch bereits 1775 hatte Carl
Eugen vom seinem Spielzeug Solitude
genug, denn er hatte ein neues entdeckt:
Schloss Hohenheim. Die Solitude zerfiel
zunehmend. Einzelne Gebäude wurden
abgebaut und in Stuttgart wieder aufgebaut – so die heute noch bestehende Eber-
hardskirche und der nicht mehr existie-
rende Marstall. Einen kleinen Eindruck
von der Größe der Anlage gibt eine **Infotafel** ⑫ mit einem Planausschnitt (!) der
Solitudegärten am Waldesrand, in der
rückseitigen Verlängerung der Solitudeallee (▶ Tour 12 ⑭).

Im 19. Jahrhundert wurde das Schloss
nur noch sporadisch genutzt. Heute steht
es zur Besichtigung offen, in den Neben-
gebäuden ist die Akademie Schloss Solitude untergebracht.

Unser Weg führt uns über die Allee Solitude zurück auf die Bergheimer Steige,
die wir jedoch gleich hinter dem Parkplatz nach rechts in den Wald verlassen.
Nach einer Linkskurve geht es das Lin-
dentalsträßchen immer abwärts. In der
Ebene angekommen, fahren wir bis zur
Brücke der Bundesstraße. Vor ihr geht
es nach links ab, wir durchqueren den
Wolfbusch und überqueren die Solitudestraße, hinter der wir nach rechts abbiegen. Nun folgen wir dieser Straße immer
geradeaus. Nach der S-Bahn-Brücke in
Korntal folgen wir nicht der nach rechts
abbiegenden Straße, sondern fahren hier
– unter Beachtung des Gegenverkehrs –
geradeaus über den Gehweg. Und weiter
geht es auf der mittlerweile Solitudeallee
genannten Straße bis zur Ludwigsburger
Straße, in die wir nach rechts abbiegen.

Die Solitudeallee führt noch kurz als Feldweg weiter, wird dann aber durch einen Autobahnzubringer unterbrochen. Wir folgen daher der Ludwigsburger Straße, die nach einer Linkskurve als Neuwirtshausstraße aufwärts führt. Nach Überquerung der Bundesstraße folgen wir der Korntaler Straße bis zum Anfang dieser Straße. Bei Haus Nr. 1A befindet sich das **Schloss Stammheim** ⑬. Der letzte Ritter der Herren von Stammheim – Hans Wolf – ließ sich 1579–1581 hier von keinem geringerem als dem »schwäbischen Leonardo« Heinrich Schickhardt (1558–1634), dem Baumeister der Renaissance, dieses Schloss erstellen. Nach dem Alten Schloss ist es das älteste Schloss in Stuttgart. Der Bau mit seinem Wendeltreppenturm ist vermutlich das Erstlingswerk Schickhardts und war der Ersatzbau für die um 1100 erbaute Wasserburg. Die Herren von Stammheim standen meist im Dienste der Württemberger. Eine Ausnahme in vielfacher Hinsicht machte ein Abkömmling um 1230, er war Minnesänger. Mit dem Verlöschen der Stammheimer Linie 1588 wurde das Anwesen mehrmals verkauft und ist heute ein Altenheim.

Von der Korntaler Straße biegen wir nach rechts in die Kornwestheimer Straße ab, deren Verlauf wir folgen. Ab den Bahngleisen heißt sie dann Stammheimer Straße, ihr folgen wir bis zur Lindenstraße, danach rechts und bis zur Stuttgarter Straße. Jetzt rechts und anschließend nach links unter zwei Brücken hindurch erreichen wir einen Feldweg, der nach Zazenhausen führt. An der Gabelung am Ortsanfang leicht links bis zur Blankensteinstraße. Hinter Zazenhausen biegen wir von der Blankensteinstraße gleich nach rechts und dann wieder nach links ab. Nun geht es entlang des Feuerbachs abwärts nach Mühlhausen. Am Ende des landschaftlich schönen Tales wechseln wir auf die Straße namens Bachhalde. Vor der Einmündung in die Mönchfeldstraße können wir nach links abbiegen und links vom Bach radeln. An der Kreuzung Meierberg biegen wir nach rechts ab und stehen fast unmittelbar vor dem **Palm'schen Schloss** ⑭ in der Mönchfeldstraße 35.

Das Palm'sche Schloss wurde 1813 an Stelle eines »Alten Schlosses« für Jonathan Freiherr von Palm errichtet. Die Palms stammen aus Esslingen, wo heute noch das ehemalige Palm'sche Palais, das jetzige Neue Rathaus, an sie erinnert. Johann Heinrich Palm (1632–1684) stand im Dienste der Habsburger als Finanzexperte sowie im Kampf gegen die Türken. Durch die Vermählung mit der Wiener Kaufmannstochter Anna Maria Mondenz betätigte er sich u. a. auch im Kredit- und Juwelenhandel. Hierzu holte er seine Brüder Johann Heinrich, Jonathan und Franz in seine Unternehmungen. Damit war der Grundstock für ein erhebliches Vermögen gelegt. Es erfolgte u. a. die Erhebung in den Reichsritterstand. 1711 erwarben die Brüder das Rittergut Mühlhausen. Nach dem Bau des Palm'schen Schlosses auf den Fundamenten des alten Schlosses im Jahre 1813 wurden Park wie Schloss ständig der jeweiligen Mode angepasst. Heute finden wir neben dem

Das Palm'sche Schloss

Schloss ein Stück barocker Schlossmauer, einen Ziehbrunnen von 1735, einen kleinen Pavillon (»Carlshaus«) und einen Gedenkstein mit zwei verschlungenen C, als Erinnerung an die Silberhochzeit von Carl und Caroline von Palm. Der Park ist nicht nur ein Lebensraum für Tiere, in ihm stehen 24 verschiedene Baumarten, wovon einige bereits ein Alter von über 150 Jahren erreicht haben.

1851 starb die männliche Linie der Palms aus. 1933 kaufte die Stadt Stuttgart das Anwesen. Heute ist das seit 1971 unter Denkmalschutz stehende Schloss das Bezirksrathaus.

Folgen wir dem Verlauf der Mönchfeldstraße weiter, erreichen wir den Neckar(radweg). Biegen wir an diesem nach rechts ab, erreichen wir bequem Bad Cannstatt.

 Schloss Hohenheim mit exotischem Garten, Schloss Scharnhausen, Bärenschlössle, Schloss Solitude, Schloss Stammheim und Mühlhausen

 Tourstart: Stadtbahn Waldau
Tourende: S-Bahn Bad Cannstatt

4 Stuttgart liegt am Nesenbach
Die Suche nach dem großen Unbekannten

Stuttgart liegt im Nesenbachtal und es gibt die Nesenbachstraße und sogar einen Nesenbach-Kommissar! Aber wo bitte fließt der Nesenbach, wo ist seine Quelle und wo seine Mündung? Und doch: Totgesagte leben wieder!

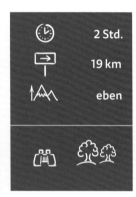

🕐	2 Std.
→	19 km
⛰	eben
🔭 🌳	

Tipp zur Tour: Abtauchen in den Nesenbach? Die Stadtentwässerung veranstaltet Führungen im Untergrund. Das Informationszentrum im Neckartor (Stadtbahnhaltestelle Neckartor) Ausgang Schlossgarten ist jeden ersten Mittwoch im Monat von 15 bis 18 Uhr geöffnet.

Wegbeschaffenheit: Bergab bis eben, meist auf Nebenstraßen sowie durch den Schlossgarten. Ein kurzes verkehrsreicheres Stück im Verlauf der Tübinger Straße.

Vom S-Bahnhof Stuttgart-Vaihingen biegen wir nach links in die Vollmoeller-straße und an deren Ende nach rechts in die Krehlstraße ein. Nach Überqueren der Hauptstraße wenden wir uns nach links in die Wolfmahdenstraße. Am Ende rechts und gleich wieder links, dann sehen wir schräg rechts ein Holzgeländer. Hier ist/war die **»Quelle«** ① des Nesenbachs in den Honigwiesen.

Die Quelle war schon immer klein, denn die Kraft des Nesenbachs beruhte auf einer Vielzahl von Zuflüssen im Stuttgarter Talkessel. Den Garaus für die Quelle bereitete der Bau des Autobahnzubringers. Die-

Die trockengelegte Nesenbachquelle

ser schnitt ihn mit seiner Dränage von seinem einstigen Quellgebiet hinter der Autobahn, den heutigen Patch-Barracks, ab.

Seitdem auch kein Regenwasser mehr in die »Quelle« geleitet werden darf, wird die meiste Zeit des Jahres noch nicht einmal der Schein gewahrt – die Quelle liegt trocken. Wen wundert es dann noch, dass es auch keine Hinweistafel für diesen »Stuttgarter« gibt. Ein zweiter Versuch ist jedoch geplant. Wieder soll Regenwasser, diesmal von der Wohnbebauung, der Nesenbachquelle neues Leben einhauchen.

Von der Quelle folgen wir dem ehemaligen Verlauf des Nesenbachs. Oft erkennen wir bereits am Geländeprofil – tiefster Punkt – wo der Nesenbach einst geflossen ist. Straßennamen wie Bachstraße, See-

Der Nesenbach einst

Länge	13 km
Höhe (Quelle)	451 m
Höhe (Mündung)	217 m
Höhendifferenz	234 m
Fließdauer (einst)	ca. 3 Std.

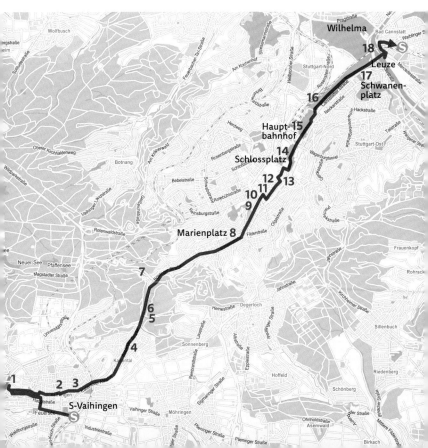

rosenstraße, Bachwiesenstraße oder gar Nesenbachstraße begleiten uns auf unserer Fahrt und natürlich meist abwärts.

Zunächst folgen wir der Honigwiesenstraße über die Hauptstraße in die Brühlstraße. Links in den Huckebeinweg und gleich wieder rechts in die Bachstraße (!) bis zum Rathausplatz.

Bis 1878 speiste der Nesenbach den Dorfbrunnen, den heutigen **Rathausbrunnen** ②. Dann machten die Abwässer insbesondere der Brauereien mit dieser preiswerten Wasserversorgung Schluss.

Über die Ernst-Kachel-Straße erreichen wir die **Kaltentaler Abfahrt** ③, die wir über den Fußgängersteg queren. Von diesem Steg können wir eine der größten Leistungen des Nesenbachs betrachten. Einen tiefen Taleinschnitt, den sich dieser kleine Bach in den Stuttgarter Talkessel gegraben hat. Dabei gehen Geologen davon aus, dass der Nesenbach einst – auf verschiedenen Wegen – über den Ramsbach bzw. die Körsch über die Filder floss. »Erst« vor ca. 10 000 Jahren bahnte er sich den Weg in den Stuttgarter Talkessel. Der Talkesselrand war schon immer wasserreich und soll bis zu 60 Prozent der Wasserversorgung Stuttgarts übernommen haben.

Herzog Eberhard im Bart ließ 1490 von Kaltental eine 5 km lange Wasserleitung zum Schloss nach Stuttgart legen. Sie diente der Versorgung des Hofes und der dortigen Wasserspiele. Die Leitung bestand aus ausgehölten Baumstämmen, die zusammengesteckt wurden, sogenannten Teucheln. Diese Wasserentnahme war der Anfang vom Niedergang des Nesenbachs. Ihm wurde damit viel Wasser entzogen und seine Selbstreinigung eingeschränkt.

Rechts der Kaltentaler Abfahrt führt uns der Weg nach Kaltental und weiter nach Heslach. In Kaltental stand einst die erste Nesenbachmühle, die Kaltentaler Schlossmühle. Dort wo heute die **St. Antonius-Kirche** ④ steht, erhob sich ehemals die Burg Kaltental, an die nur noch der Straßenname »Burgstraße« erinnert. Von ihr konnte das Nesenbachtal kontrolliert werden.

Am Ortsausgang von Kaltental erhielt der Nesenbach Unterstützung vom rechtsseitigen Kohlbach und von einem Bach aus der **Schwälbesklinge** ⑤. Von links kommt der Elsenbach. Letzterer kann mit der Rarität aufwarten, mit Flusskrebsen besiedelt zu sein. Durch die von amerikanischen Krebsen eingeschleppte Krebspest zum Ende des 19. Jahrhunderts wurden die einheimischen Krebse großflächig ausgerottet. Da zu diesem Zeitpunkt der Unterlauf des Nesenbachs bereits verdolt war, konnten die amerikanischen Krebse und damit die Krebspest nicht zum Elsenbach gelangen. Somit rettete die Verschmutzung des Nesenbachs und die damit verbundene Verdolung die auf der roten Liste stehenden einheimischen Edelkrebse.

Vom Eingang der Schwälbesklinge in Richtung Heslach fließt heute wieder ein Stück Nesenbach. Als **Ausgleichsmaßnahme** ⑥ für den Ausbau der Leonberger Straße wurde hier 1999 der ehemals offene Abwasserkanal unter die Erde gelegt und auf ihm ein »Neuer Nesenbach« angelegt. Gespeist wird dieser aus Bächen, die bereits früher in den Nesenbach führten, sogar auch als der Nesenbach nur noch ein Abwasserkanal war. Doch die Freude währt nur kurz, denn bereits vor dem Straßenbahndepot verschwindet er wieder in der Kanalisation. Dies soll aber nicht auf ewig sein. Es liegen Pläne in der Schublade, das saubere Wasser in einer Leitung Richtung Stuttgart zu führen. An passenden Stellen soll es dann wieder an der Oberfläche fließen. So am Marienplatz oder im Gerberviertel, um im Schlossgarten endgültig an die Oberfläche zu treten und offen dem Neckar entgegen zu plätschern.

Beim Straßenbahndepot befördert die **Heidenklinge** ⑦ wieder Wasser in den Nesenbach, womit es eine besondere Bewandtnis hat. Erinnern wir uns: Herzog Eberhard im Bart ließ 1490 in Kaltental Quellen zur Versorgung des Schlosses in Stuttgart fassen, es sollten weitere folgen. Damit wurde dem Nesenbach Wasser entzogen, was die Wasserversorgung beeinträchtigte, die Selbstreinigung des Nesenbachs verschlechterte und nicht zuletzt oftmals die Nesenbachmühlen trocken laufen ließ. Dies führte zu Beschwerden der Müller. Eine Untersuchung von 1565 ergibt: »Die Klagen der Müller seyen nicht unbegründet ...«. Und als Lösung schlugen sie vor: Sie hätten in der »Pfaffenwiese nahe bei Vaihingen ein acht bis neun Morgen großes Moor gefunden« »... in dieses laufe eine ziemlich starke Quelle ... ganz unnütz den Glemsbach hinab«. So wurde 1566 der 850 m

Der neue, »falsche« Nesenbach

Ehemalige Frischwasserzufuhr
für den Nesenbach

lange »Christophstollen« vom heutigen Pfaffensee gegraben. Dieser leitete das Wasser über die Heslacher Wasserfälle durch die Heidenklinge zum Nesenbach. Doch der Wasserbedarf der württembergischen Herzöge kannte kaum Grenzen und der Pfaffensee reichte bald nicht mehr aus. Für den Nesenbach wurden über den Pfaffensee immer neue Wasserreservoire erschlossen: 1618 der Bärensee, 1812 der Katzenbach- und Steinbachsee über heute noch bestehende Kanäle und 1833 der Neue See. Damit konnten die Nesenbachmüller zufriedengestellt werden. Allerdings führte dann die Glems weniger Wasser, was zum Aufschrei der Glemsmüller führte. Jetzt richteten die württembergischen Herzöge, als Verursacher, im Mäntelchen der »unabhängigen« Richter darüber, wie viel den einzelnen Müllern an Wasser zustand. 1838 urteilte der königliche Gerichtshof, dass 5 l/Sekunde an die Glems (Sickerwasser und Maßwehr) abgegeben werden müssten.

Wir folgen weiter dem Tallängsweg über Heslach nach Stuttgart, durch die Burgstallstraße, vorbei am Schützenhaus und an der Bachwiesen(!)straße bis zur Müller(!)straße. Hier stand die erst 1848 errichtete Karlsmühle, die 1880 in der Eisengießerei Groß & Fröhlich aufging.

Nach der Querung der Böheimstraße folgen wir der Möhringer Straße, vorbei an der Matthäuskirche bis zur **Tannenstraße** ⑧. Hier befand sich einst die »Kleine Schweiz«, benannt nach dem Baustil der Häuser gepaart mit einer vorzüglichen Viehzucht. Diese offizielle Bezeich-

nung aus dem 18. Jahrhundert wurde erst 1911 aufgehoben. Im Bereich der Möhringer Straße 7 stand die Spitalmühle, seit 1447–1787 zum St. Katharinenhospital gehörend, mit einem Gerbgang und zwei Mahlgängen. Im Hinterhaus Böheimstraße 24 befand sich die Tannenmühle – große Tannen in der Umgebung waren hier namensgebend. Beide Mühlen wurden von einem vom Nesenbach abgeleiteten Mühlbach angetrieben und gehörten ebenfalls zur Kleinen Schweiz. Davor befand sich der Feuersee oder Spitalsee bzw. nach dem letzten Mühlenbesitzer benannte Wahlensee. 1944 waren die Häuser noch erhalten, heute stehen Neubauten an ihrer Stelle.

Im Durchgang zum Marienplatz ist im Bürgersteig bereits eine Wasserrinne für einen künstlichen Nesenbach vorgesehen.

Hinter dem Marienplatz folgen wir dem Verlauf der Tübinger Straße. In der **Tübinger Straße 46/48** ⑨ befand sich die »Untere Bachmühle«. 1334 erstmals urkundlich erwähnt, wurde sie bis 1868 betrieben und 1900 abgerissen. Durch die Jahrhunderte hatte sie verschiedene Namen wie: 1334 Nähermühle (Nahe Stuttgart), 1447 Spannreitelmühle, Am Klötzlesbach, Schlettesmühle … Bis 1840 befand sich hier auch eine Nesenbach-Badeanstalt, wohl eine Antwort auf das Badeverbot in der Nesenbachwette vor der **Paulinenbrücke** ⑩. Eigentlich war hier der Nesenbach so aufgestaut, dass sich ein kleiner See bilden konnte. Nach Meinung der Stadtväter sollte dieser als Viehtränke, als Putzmöglichkeit für Fässer und Zuber, aber nicht als Badeanstalt genutzt werden. Dies wurde als »Sittenloses Baden« mit einem Gulden Strafe geahndet. Schüler wurden alternativ zur körperlichen Züchtigung in die naheliegende Schule gebracht. Dies fruchtete offenbar nicht viel und so wurde stadtauswärts eine legale Bademöglichkeit eingerichtet.

Nach mehreren Anläufen seit 1754 wurde 1811 im Bereich Paulinen-Tübinger Straße ein See angelegt. Mit ihm erhoffte man sich der Verunreinigung des Nesenbachs Herr zu werden. Die Verunreinigungen rührten daher, dass jeder seinen Dreck, inklusive toter Tiere, in den Nesenbach warf. Diesem Dreckberg war der Nesenbach, auch durch die herrschaftlichen Anzapfungen geschwächt, nicht gewachsen. Da sollte eine wöchentliche Schwallspülung, nach dem Prinzip einer Toilettenspülung, weiterhelfen. Dazu wurde der See wöchentlich abgelassen. Doch vergeblich: 1814 war der angelegte See bereits verschlammt und bald darauf ganz aufgegeben.

Hinter der Paulinenbrücke beginnt das Gerberviertel, wohin ab 1806 die Gerber und Färber an- bzw. umgesiedelt wurden. Ihre Werkstätten waren davor zwischen Breuninger und Neuem Schloss gelegen.

Hier fehlt nur noch das Wasser des Nesenbachs

Da König Friedrich die »Düfte« missfielen, fasste er den »weisen Beschluss«, sie ins heutige Gerberviertel umzusiedeln. So zogen diese »Düfte« erst etwas zeitversetzt beim Neuen Schloss vorbei.

Wir biegen hinter der Paulinenbrücke erst nach rechts in die Sophienstraße und

Der Name Nesenbach

Lange hieß der Nesenbach nicht Nesenbach. Es gab ortsbezogene Namen wie Heslacher- oder Kaltentaler Bach. Laisenbach, Wäschbach und Frankenbach waren weitere Namen. 1503 taucht erstmals der Name Naissenbach auf.

Die Bedeutung dieses Namens birgt Platz für Spekulationen. Dr. Helmut Dölker kommt in seinem Buch über die Stuttgarter Flurnamen zu der Vermutung (!), dass eine Anwohnerin mit dem Namen Nes dem Bach seinen heutigen Namen gab.

Übergang zum
Mittelbau und
Breuninger Markt

Spielwaren
Kinder
Kinderfrisör
breuninger|subway

Kaufhaus Breuninger: Unter dem Nesenbach-Abwasserkanal hindurch

gleich wieder rechts in die **Nesenbachstraße** ⑪ ab. Hier finden wir wieder die Vorbereitungen für einen an der Oberfläche fließenden Wasserlauf.

Wir folgen der Nesenbachstraße bis zur **Torstraße** ⑫, wo sich einst das Hauptstätter Tor befand. An das Tor erinnert noch der Torturmbrunnen, der sich rechter Hand in der Torstraße befindet.

Meist war der Nesenbach ein gemütliches Bächlein. Doch bei Gewitterregen wurde das Wasser von den Hängen des Stuttgarter Talkessels schnell in den Nesenbach gespült, welcher innerhalb kürzester Zeit zu einem reißenden Strom anschwoll. So auch am 31. Juli 1508. Der Wolkenbruch, der über Heslach herniederging, stürzte alsbald als Flutwelle auf

das Hauptstätter Tor zu. In Windeseile schloss die Torwache das Tor, um Unheil abzuwenden. Doch die aufgestauten Wassermassen waren stärker, sie rissen das Tor und Teile der Stadtmauer um. Häuser stürzten ein, das Wasser stand mannshoch auf dem Marktplatz. Elf Menschen kamen um, Vieh und Erntevorräte wurden mitgerissen.

Überqueren wir die Torstraße und folgen wir dem Verlauf der Eberhardstraße, erreichen wir an deren Ende das **Kaufhaus Breuninger** ⑬. Dieser Ort ist gleich in mehrfacher Hinsicht interessant. Stand an dieser Stelle doch einst die Rosswette, an der sich der Gießkübel befand. Hier wurden Straftäter unter (Nesenbach-)Wasser getaucht.

Unfreiwillig gelangte 1886 ein Franzose über einen unvergitterten Schacht, der fortan im Volksmund »Franzosenloch« genannt wurde, in den Nesenbachkanal. Erst in den Anlagen konnte er aus dem Kanal befreit werden. Genüsslich berichtete darauf der Schwäbische Merkur über den nächtlichen Altstadtbesuch des Reisenden bis 3 Uhr in der Früh. Und listete die besuchten Etablissements samt Damen, so die Taubenkönigin Miss Nessi, sowie seinen Alkoholkonsum auf.

Ganz andere Probleme ergaben sich beim Bau des oben genannten Kaufhauses. Die Baugrube wurde um und unter dem Nesenbachabwasserkanal ausgehoben. Der Kanal musste mit Fortschritt der Ausschachtung kontinuierlich abgestützt werden. Anschließend wurde um den Kanal das Kaufhaus errichtet, der noch heute durch dieses hindurchrauscht. Früher zierten sogar Aquarien mit Fischen die Stelle, wo die Rolltreppen zur Unterquerung führten. Spaßvögel erklärten die Fische dann gleich zu Indikatoren für die Qualität des Nesenbachwassers: schwimmen sie bäuchlings oben, bedeutet dies, dass verbotenerweise giftige Abwässer in den Kanal geleitet wurden.

Hinter dem Kaufhaus strebt der Kanal, vorbei am Waisenhaus, zwischen Neuem Schloss und Landtag und den Theatern in Richtung Mittlerer Schlossgarten.

Hinter dem **Neuen Schloss** (14) erstreckten sich einst die Herzoglichen Wasserspiele, die an dem immensen Wasserverbrauch alles andere als unschuldig waren. Während des Dreißigjährigen Krieges wurde die Anlage verwüstet, doch der Gelehrte und Geschichtsschreiber Karl Pfaff hinterließ eine plastische Beschreibung der Wasserspiele.

Herzogliche Wasserspiele, nach Karl Pfaff (1795–1866)

▶ Steinerne Gruppe, die den von Seeungeheuern umgebenen Neptun darstellte

▶ Ein Wasserfall herab, der durch Spiegel vervielfältigt wurde

▶ Ein Altar mit den Büsten von Kaisern und Königen

▶ An jedem Zugang spritzte ein ruhender Löwe den Heraufkommenden Wasser entgegen

▶ Künstliche Vögel, die durch den Druck des Wassers wie natürliche Vögel sangen

▶ Männer, die aus Waldhörnern bliesen

▶ Wasserschluckende Enten

▶ Ein Jäger, der unter starkem Knalle nach einem Adler Wasser und Feuer zugleich schoss

▶ Eine Wasser-Orgel

▶ Ausgeworfene Wasser bildeten überall wunderbare Figuren, Blumen, Regen, Regenbögen, Nebel und dienten zum »Abkühlen« uneingeweihter Spaziergänger.

1553 ließ Herzog Christoph im Bereich des heutigen Neuen Schlosses/Eckensee einen Irrgarten anlegen. Herzog Friedrich I. und Johann Friedrich bauten diesen Lustgarten zu einem der prächtigsten Gärten Deutschlands und darüber hinaus aus. Raffinierte Wasserspiele erfreuten hier die Hofgesellschaft, wozu – wie bereits erwähnt – eigens Quellen in Kaltental gefasst wurden. Damit wurde die Selbstreinigung des Nesenbachs eingeschränkt, was mit zu seinem Niedergang führte. So beschimpfte ein Globe-trotter der Frühzeit – der Wiener Rudolf von Suntheim – bereits 1500 den Nesenbach als »Weltzimdreck«. Ausgerechnet Carl Eugen war es dann, der 1750 mit der Überwölbung des Baches beim Neuen Schloss begann, wegen Geruchsbelästigung der feinen Gesellschaft.

Ab 1864 wurde der Nesenbach dann systematisch überwölbt. Zuerst bis zum Marienplatz, anschließend bis zum Neckartor. Letzte Überwölbungen fanden in Kaltental (1954), entlang der Cannstatter Straße (1961) und zwischen Waldeck und

Nesenbachmündung bei Regenhochwasser

Südheim (1999) statt. Kurz vor Südheim, hinter dem »Neuen Nesenbach«, befindet sich der letzte nicht geschlossene Kanalabschnitt.

Seit der Eröffnung des Hauptklärwerks in Mühlhausen im Jahre 1912 fließt nur noch das überschüssige Regenwasser in den Neckar.

Wie der falsche Nesenbach vor Südheim, so soll auch der Eckensee beim Großen Haus künftig von sauberem Nesenbachwasser durchflossen und damit sauberer werden. Bereits heute wird er vom Mineralwasser des Marktplatzbrunnens durchspült, das in einer separaten Leitung durch den Nesenbachabwasserkanal zum Eckensee geleitet wird. Sauberes Wasser wie auch Abwasser stoßen dann beim geplanten Tiefbahnhof **Stuttgart 21** ⑮ auf ein Hindernis, das aufwendig unterquert (!) werden muss. Hinter dem Planetarium könnte dann wieder der saubere Nesenbach offen durch den Schlossgarten fließen, so die Vorstellungen der Planer. Im Unteren Schlossgarten vor dem **Spielhaus** ⑯ stand einst der Stöckach(wasser)turm. Dieser wurde vom Nesenbach angetrieben und beförderte durch Bleirohre das Wasser zurück in den Herzoglichen Lustgarten und dessen Wasserspiele beim Neuen Schloss.

Der **Schwanenplatz** ⑰ , vor dem Mineralbad Leuze, war der letzte große Aktionsplatz des Nesenbachs. Bis in die 1970er-Jahre überschwemmte er diesen regelmäßig. Erst ein mehr als turnhallengroßes, unterirdisches Regenrückhaltebecken machte damit Schluss. Ein kleiner Hügel mit Stahltür vor dem Parkhaus markiert den Abgang in den Untergrund.

Einst floss der Nesenbach kurz vor dem Neckar in den von Berg kommenden Mühlkanal und mit ihm gemeinsam in den Neckar. Heute fließt nur noch das überschüssige Regenwasser durch **Ausläufe** ⑱ in den Neckar. Vom gegenüberliegenden Ufer, hinter der Schleuse, erkennt man diese.

Ein trauriges Ende für den geschichtsträchtigen Stuttgarter Nesenbach! Doch Hoffnung keimt. Die Absicht, den Nesenbach wieder an die Oberfläche zu bringen, wäre für Stuttgart sicherlich eine Bereicherung – rein optisch und für das Kleinklima von Vorteil. Dann könnte auch wieder gesagt werden: Stuttgart liegt am Nesenbach.

 Sichtbare und unsichtbare Spuren eines fast vergessenen Baches

 Tourstart: S-Bahn Stuttgart-Vaihingen
Tourende: S-Bahn Bad Cannstatt

5 Halbhöhenlage bevorzugt

Villen, Parks & Gärten – für die kleine Erholung zwischendurch

Parks und Gärten sind die unverzichtbaren grünen Inseln im Stadtgebiet, die dank der einmaligen Topografie oftmals beste Aussichten bieten. Die Villenkultur ist dagegen nicht ganz so spektakulär, aber auch hier lässt sich einiges entdecken. Diese Panoramaroute führt einmal rund um den Kessel. Wer dabei lieber öfter vom Fahrradsattel auf die Parkbank wechselt, kann jederzeit abkürzen oder auf den ÖPNV zurückgreifen.

🕐	2 ½ Std.
➡️	25 km
🏔️	400 m
🔭	🌳🌳

Tipp zur Tour: Stuttgart bei Nacht. Die Geroksruhe, Wieland-Wagner-Höhe und Uhlandshöhe bieten auch bei Nacht sehr schöne, verträumte Ausblicke auf Stuttgart. Wem das noch nicht reicht, dem kann die Sternwarte der Uhlandshöhe noch mehr bieten.

Wegbeschaffenheit: Vorwiegend auf Nebenstraßen, teilweise Park- und auch Waldwege, größere Anstiege können ggf. mit der Stadtbahn überbrückt werden.

Der Vorzug der Kessellage ist unbestreitbar, dass von fast jedem Punkt der Innenstadt die grünen Hügel rundum ins Blickfeld geraten. Eine der grünen Oasen ist meist schnell erreichbar, so zum Beispiel der **Hoppenlau-Friedhof** ①. Von der Haltestelle Stadtmitte gelangen wir über die Büchsenstraße in wenigen Minuten dorthin. Die ältesten erhaltenen Grabsteine stammen noch aus dem 17. Jahrhundert. Ursprünglich war er weitaus größer, an die 7000 Gräber befan-

Hoppenlau-Friedhof: Wilhelm Hauffs Grab

den sich einmal hier, der älteste Teil des Friedhofs fiel aber in den 1950er-Jahren Baumaßnahmen zum Opfer. Der gesonderte jüdische Teil auf der südwestlichen Seite hat sich aber, wenn auch in schlechtem Zustand, erhalten. Wir betreten diesen Ort zwischen KKL (Kultur und Kongresszentrum Liederhalle) und Max-Kade-Haus. Sofort tritt der Verkehrslärm in den Hintergrund, still und grün mit Vogelgezwitscher und zahlreichen Eich-

hörnchen bietet der Friedhof Gelegenheit zu einer Verschnaufpause oder zu einer Entdeckungsreise in die Vergangenheit. In den Eingangsbereichen befinden sich Tafeln, die die wichtigsten Gräber kennzeichnen. Wobei die Suche zunehmend erschwert wird durch die starke Verwitterung der alten Grabsteine. Hier soll allerdings in nächster Zeit Abhilfe geschaffen werden. Wie immer nach jahrzehntelangem Nichtstun gestaltet sich der Erhalt

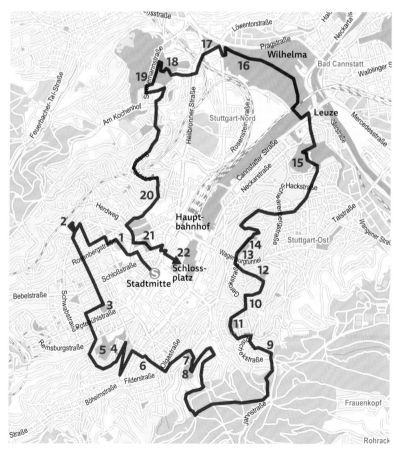

Feuersee: Aufzuchtgewässer des Landesfischereiverbandes

eines solchen Erbes als schwierig, auch wenn es nun unter Denkmalschutz steht und so bekannte Persönlichkeiten wie Wilhelm Hauff, Daniel Schubart, Gustav Schwab, Johann Heinrich Dannecker oder Carl Ludwig von Zanth hier begraben sind.

Wir verlassen anschließend den Friedhof beim Ausgang zur Rosenbergstraße

aufwärts bis wir nach rechts in die Silberburgstraße einbiegen. Am Ende wenden wir uns links in die Hölderlinstraße und erreichen kurz oberhalb des Hölderlinplatzes den **Naturerlebnisraum Klüpfelstraße** ②. Das 5000 qm große Areal bietet als Bürgerbeteiligungsprojekt vor allem Kindern und Familien eine Erlebnislandschaft mit Beeten, Trockenmauern, Sträuchern, einer Picknickwiese mit Grillstelle sowie einem grünen Klassenzimmer.

Im Anschluss fahren wir die Johannesstraße hinab bis zum **Feuersee** ③. Er beeindruckt vor allem durch die auf einer Halbinsel gelegene neugotische Johanneskirche, die allerdings nach Kriegsschäden nun einen gestutzten Turm hat. Ursprünglich als Löschwasserteich angelegt, wurde dieser See beim Bau der S-Bahn in den 1970er-Jahren stark verkleinert und ist heute ein Eldorado für Wasservögel und Rotwangenschildkröten. Er bildet eine der seltenen Wasserinseln im umliegenden Steinmeer.

Weiter geht es zur Karlshöhe über Gutenberg- und Hasenbergstraße. An der Kreuzung Reinsburgstraße fahren wir die Hasenbergstraße ein kurzes Stück steil bergauf, um dann die Hohenzollernstraße bergab zu rollen. Vorbei geht es an Villen im italienischen Stil, bis wir an der Mörikestraße 24 beim **Städtischen Lapidarium** ④ eine kurze Pause einlegen können. Das Freilichtmuseum im Park der ehemaligen Villa Ostertag-Siegle ist auf jeden Fall einen Besuch wert, geöffnet ist allerdings nur in der warmen Jahreszeit.

und wenden uns nach links. Bei der nächsten Kreuzung geht es rechts in die Seidenstraße und gleich wieder links ab zur Lerchenstraße. Dieser folgen wir

Das Freilichtmuseum »Städtisches Lapidarium« bietet anhand von über zweihundert Plastiken und steinernen Überresten aus zerstörten oder abgerissenen Stuttgarter Gebäuden einen besonderen Einblick in die Bau- und Denkmalgeschichte der Stadt: Zu finden sind u. a. Überbleibsel aus der Hospitalkirche, der Hohen Karlsschule, der Villa Berg, dem Alten Rathaus, dem Palm'schen Schloss, dem Neuen Lusthaus oder dem Kronprinzenpalais. Der nach dem Vorbild italienischer Renaissance-Gärten gestaltete Park am Fuß der Karlshöhe gehörte ursprünglich dem Fabrikanten Karl von Ostertag-Siegle (1860–1924). Seine Sammlung römischer Antiken ist ebenfalls hier noch zu sehen. Im Lapidarium finden während der Sommermonate regelmäßig Veranstaltungen und Führungen statt (www.stadtmuseum-stuttgart.de/lapidarium).

stadtmuseum
stuttgart

städtisches lapidarium

www.stadtmuseum-stuttgart.de/lapidarium

Entdecken Sie Schritt für Schritt Skulptur, Natur und Architektur des Städtischen Lapidariums. Lassen Sie sich von diesem Kleinod in Baden-Württemberg faszinieren.

STUTTGART

Saison: Anfang Mai bis Mitte September
Mi 14–16 Uhr, Sa 14–17 Uhr, So 12–18 Uhr
Der Eintritt ist frei

Städtisches Lapidarium
Mörikestr. 24/1
70178 Stuttgart

Weitere Attraktion: Von hier aus kann man über die Humboldtstraße auch ganz hinauf auf die Aussichtsterrasse der **Karlshöhe** Ⓢ gelangen. Der Blick auf die Stadtmitte und Stuttgart-Süd lohnt sich, die Gartenwirtschaft dort sorgt ggf. für Erfrischung. Vom ehemaligen »Villenhügel« ist allerdings nicht mehr viel erhalten. Alle Villen, die in den Besitz der Stadt Stuttgart gelangten, wurden abgerissen wie z. B. die Villa Siegle und die Villa Spemann, oder an privat verkauft.

Die weitere Route führt jetzt abwärts zum Marienplatz und anschließend durch die Tübinger Straße zunächst wieder stadteinwärts. An der dritten Kreuzung biegen wir rechts in die Cottastraße und fahren geradeaus bis zum **Fangelsbach-Friedhof** Ⓖ. Dabei handelt es sich um einen der historischen Stuttgarter Friedhöfe mit schönem altem Baumbestand, der zu Beginn des 19. Jahrhunderts angelegt wurde, als der Platz in der Innenstadt nicht mehr ausreichte. Begraben ist hier u. a. Friedrich Schillers Sohn Carl (▶ Tour 12 Ⓔ).

Im weiteren Verlauf quert die Cottastraße die Immenhofer und die Olgastraße. Erst an der Alexanderstraße wenden wir uns nach links und folgen dieser bis zur nächsten Kreuzung. Ab hier fahren wir die Etzelstraße bergauf und gelangen nach ca. 500 m zur **Bopseranlage** Ⓖ.

Dabei handelt es sich um die erste öffentliche Grünanlage in Stuttgart, zu Zeiten als »Normalbürgern« der freie Zugang zu Parks sowie den Schlossgärten noch lange nicht gestattet war. Mitte des 19. Jahrhunderts wurde die Bopser-Quelle, die für ihr ausgezeichnetes Wasser bekannt war, gefasst und später ein Pavillon mit Trinkanlage errichtet. Damals lag das Gelände noch außerhalb der Stadt, Spazierwege führten von hier durch die Weinberge und in den nahe gelegenen Wald. Beliebte Ausflugslokale, wie die nahe gelegene »Stitzenburg« lockten viele Besucher an.

Etwas oberhalb gelegen befindet sich auf dem Grundstück der ehemaligen Villa Sieglin der **Weißenburg-Park** Ⓗ mit Aussichtsterrasse, Marmorsaal und Teehaus-Gastronomie. Um sie zu erreichen, ist allerdings noch eine kleine Höhenanstrengung erforderlich, die sich am besten schiebender Weise bewältigen lässt.

Wer allerdings seine Kondition weiter stärken möchte, kann jetzt noch einen Zahn zulegen und fährt über die Bopserwaldstraße und Wernhaldenstraße hinauf zur Grillhütte am sog. Stern unterhalb des Bopsers. Von dort führt ein bequemer Waldweg über den mittleren Wernhalden-, Olgaweg und die Pischekstraße hinüber zur Geroksruhe. Natürlich können ab der Haltestelle Bopser mit ÖPNV-Unterstützung die Stationen Waldau bzw. Geroksruhe aber auch weniger schweißtreibend erreicht werden.

Die **Geroksruhe** Ⓘ ist seit über 100 Jahren ein Aussichtspunkt erster Güte mit weitem Blick über Stuttgart und das Neckartal bis zum Stromberg. Sie ist benannt nach dem Pfarrer und Dichter Karl Gerok (1815–1890), der u. a. zahlreiche beliebte Heimatgedichte schrieb. Für ihn ist hier auch eine Gedenktafel angebracht.

Weißenburg-Park mit Teehaus und Marmorsaal

Die Weißenburg-Villa mit großzügigen Parkanlagen wurde 1898 von dem Unternehmer Ernst von Sieglin (1848–1927) erworben und ausgebaut, der sein Vermögen mit dem Verkauf von Seifenpulver erlangte. Sein Interesse galt aber vornehmlich der Kunst und der Archäologie. Ein Teil seiner Sammlung befindet sich heute im Landesmuseum. 1912/13 ließ er auf seinem Grundstück einen Jugendstil-Pavillon, das sog. Teehaus, und einen prächtigen Marmorsaal errichten. Die Sieglin-Erben verkauften das Grundstück 1956 an die Stadt, die die Villa 1964 abreißen ließ und dafür die Parkanlagen als öffentliche Grünfläche zugänglich machte mit Teehaus und Marmorsaal als zusätzlicher Attraktion (www.teehaus-stuttgart.de bzw. www.marmorsaal.org).

Villen auf der Gänsheide

Um die Mitte des 19. Jahrhunderts wurde es schick, auf der Gänsheide ein Garten- oder Sommerhaus zu bauen. Mit dem Modeschriftsteller Friedrich Wilhelm Hackländer (1916–1877) und seinem Heidehaus fing es an und fast alle, die Rang und Namen hatten, folgten nach.

Villa Bosch: Standesbewusst gebaut

Beim Gartenhäusle blieb es natürlich nicht, sondern es entstanden Villen mit stattlichen Ausmaßen. Die Bosch-Villa ist ein Beispiel dafür. Sie befindet sich an der Stelle des einstigen Hackländer-Gartenhauses und ist heute Sitz der Robert-Bosch-Stiftung. Nicht alle alte Villenpracht hat sich erhalten, zu finden sind noch die Villa Hauff, die Villa Jeitteles und das Haus von Willi Baumeister in der Gerokstraße, die Villa Bonatz in der Gellertstraße, die Villa Kreidler und die Villa Osterberg-Lauffer in der Gänsheidestraße sowie anstelle der repräsentativen Villa Oppenheimer nun die Zentrale des Holtzbrinck-Konzerns in der Gänsheidestraße 26. Aber auch die Villa Scheuffelen, das Haus Kilpper in der Pischekstraße und natürlich die Villa Reitzenstein (Sitz des Staatsministeriums) und die Villa Förstner (jetzt: Akademie für gesprochenes Wort) in der Richard-Wagner-Straße gehören dazu.

Etwas unterhalb befindet sich auch ein Kinderspielplatz.

Das direkt anschließend gelegene **Villenviertel Gänsheide** ⑩ erreicht man am besten über den Gänswaldweg und die Gänsheidestraße. An der Ampelanlage überqueren wir die Pischekstraße und biegen halblinks in die Payerstraße ein. Am zweiten Abzweig geht es rechts in die Richard-Wagner-Straße, die von der **Villa Reitzenstein** ⑪, dem Amtssitz des baden-württembergischen Ministerpräsidenten, dominiert wird. Von der etwas unterhalb gelegenen Wieland-Wagner-Höhe hat man einen wunderschönen Blick auf die Innenstadt. Im Bogen geht es nun wieder hinüber zur Gänsheidestraße und weiter über die Hackländerstraße zur **Villa Bosch** ⑫.

Entlang von Heidehof- und Gerokstraße erreichen wir an der Ecke Wagenburgstraße die ehemalige **Villa Hauff** ⑬, 1904 ursprünglich erbaut für den Chemiefabrikanten Friedrich Hauff, heute Werkstatthaus des Stuttgarter Jugendhaus e. V. Hier führt der schmale Alfred-Lörcher-Weg hinauf zur **Uhlandshöhe** ⑭. Ursprünglich hieß sie Ameisenberg, aber nach Ludwig Uhlands Tod 1862 errichtete man hier ein Denkmal und nannte den Hügel nun nach ihm Uhlandshöhe. Hier befinden sich zudem eine schön gestaltete Parkanlage und die Stuttgarter Sternwarte. Am Fuß der Uhlandshöhe wurde 1919 die erste Waldorfschule eröffnet. Der Name geht auf Emil Molt zurück, den damaligen Direktor der Zigarettenfabrik Waldorf-Astoria, der den Kindern seiner Arbeiter eine ordentliche Schulbildung

Details von der Villa Berg

ermöglichen wollte. Leiter dieser Fabrikschule war Rudolf Steiner, der Begründer der Anthroposophie.

Nach der Sternwarte führt der Weg hinunter zur Haußmannstraße und wir folgen dieser nach rechts, bis wir kurz vor dem Ostendplatz nach links in die Teckstraße einbiegen. Die Teckstraße endet dann direkt am Eingang in den Park der **Villa Berg** ⑮. Villa und Park bildeten früher eine sorgfältig geplante und gestaltete Einheit mit extravagantem, südländischem Flair, von dem heute nur ein sehr schwacher Abglanz übrig geblieben ist (▸ Tour 2 ⑧).

Wir verlassen den Park in nördlicher Richtung und fahren die Karl-Schurz-

Straße bergab, überqueren den Parkplatz bei den Mineralbädern und gelangen bei der Haltestelle über die Stadtbahngleise und jenseits des Teichs über die Saluccialllee hinauf zum Schloss Rosenstein, in ausgedehnten Parkanlagen gelegen (▶ Tour 2).

Der **Rosensteinpark** ⑯ ist ein großer englischer Landschaftsgarten, dessen ursprüngliche Ausmaße heute schon beinahe um die Hälfte geschrumpft sind und der durch verschiedene Baumaßnahmen weiter stark bedroht ist. Aber noch besticht er durch seine weiten Rasenflächen, den wunderbaren Baumbestand und seine geschwungene Linienführung vom Neckar bis zum Löwentor. Dorthin fahren wir nun immer am Rand der Wilhelma entlang leicht aufwärts. Von dort oben hat man einen wunderschönen Blick über die Parkanlage bis hinüber zum Fernsehturm.

Weiter geht es über ein System von Stegen zur Querung stark befahrener Straßen und Bahntrassen, vorbei am **Leibfriedschen Garten** ⑰ zum **Wartberg-Gelände** ⑱, das anlässlich der IGA 1993 komplett neu gestaltet wurde. Ein Wegenetz zieht sich zunächst durch eine Talsenke mit See, dann langsam bergauf durch Kleingärten und naturnahe Parklandschaften bis zum Killesberg. Oben angekommen bietet das Naturfreundehaus Steinbergle die Möglichkeit zu einer Einkehr. Ein Durchgang zum **Höhenpark Killesberg** ⑲ ist zwar vorhanden, allerdings ist hier Fahrrad fahren nicht erlaubt.

Anschließend ist über den Oskar-Schlemmer-Weg und die Straße Am Weißenhof die Höhe wieder erreicht, von der wir nun entspannt in den Talkessel hinunter radeln können.

Die Fahrt durch die Birkenwaldstraße bietet zudem einige sehr schöne Ausblicke (zum Teil mit Aussichtsterrassen), und an der Kreuzung Panoramastraße noch ein weiteres Garten-Kleinod: den **Chinagarten** ⑳ (www.chinagarten-stuttgart.de). Über Panorama- und Sattlerstraße sowie den Herdweg gelangen wir nun zum **Stadtgarten** ㉑, der als zentrumsnahe innerstädtische Grünfläche in Kürze wieder aufgewertet werden soll.

Über die Schellingstraße und den Überweg über die B27 kommen wir in die Bolzstraße und dann auf geradem Weg zum **Schlossplatz** ㉒.

 Hoppenlau-Friedhof, Lapidarium, Karlshöhe, Bopseranlage, Weißenburg-Park, Villa Reitzenstein, Villa Bosch, Uhlandshöhe, Villa Berg, Schloss Rosenstein, Chinesischer Garten, Stadtgarten

Tourstart und -ende: S-Bahn Stadtmitte

ÖPNV-Unterstützung ab Haltestelle Bopser bis Waldau oder Geroksruhe

6 Steil(vor)lagen

Stuttgarter Weinlagen von Altenberg bis Zuckerle

Welche andere Großstadt in Deutschland verfügt über nennenswerte Weinlagen in der Innenstadt und über ein eigenes städtisches Weingut – außer Stuttgart? Schon die wichtigsten Zufahrtswege von Norden über den Pragsattel oder von Süden über die Weinsteige führen entlang von Weinbergen in den Talkessel hinunter. Viele Straßennamen und einige historische Keltern verweisen auf die jahrhundertealte Weinbaubautradition in der Stadt. Wer einige Steigungen nicht scheut, sollte diese grünen Oasen unbedingt mit dem Fahrrad erkunden – die Anstrengung wird vielfach belohnt durch Einblicke in eine einmalige Kulturlandschaft und Ausblicke auf Täler und Berge der stadtnahen Umgebung.

🕐	3 Std.
→	35 km
⛰	550 m

Tipp zur Tour: Besenwirtschaft. Ein Blick in den Besenkalender lohnt sich fast immer, wenn man eine zünftige Einkehr plant: www.besenfuehrer.de. Siehe auch Themenkasten Besenwirtschaft.

Wegbeschaffenheit: Einige auch stärkere Steigungen, vorwiegend auf Weinbergwegen und Nebenstraßen.

Um zu einer Tour durch die Weinberge aufzubrechen, muss man in Stuttgart nicht lange fahren. Von der Stadtmitte aus erreicht man die ersten Reben bereits nach wenigen hundert Metern, die Steigung allerdings nicht mitgerechnet. Und dies ist auch ein besonderes »High-Leid« jeder Tour zu den Stuttgarter Weinlagen: die Berge bekommt man immer kostenlos dazu!

So starten wir an der Haltestelle Stadtmitte und radeln zunächst entlang der Fritz-Elsas-Straße, dann entlang der Seidenstraße bis zur Russischen Kirche und weiter nach links über die Hegelstraße zur Hölderlinstraße. Hier biegen wir rechts ab und fahren, bis wir am Ende auf die Azenbergstraße treffen. Jetzt wieder links und bei der zweiten Kreuzung rechts, dann sind wir in der Eduard-Pfeiffer-Straße.

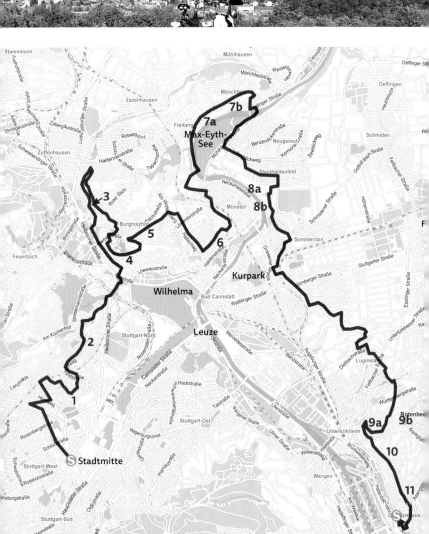

Sie führt uns stetig bergauf zum Kriegsbergturm. Hier am **Kriegsberg** ① liegen auch die ersten Weinberge oberhalb von Katharinenhospital und Hauptbahnhof. Kurz hinter dem Aussichtsturm, bei dem man natürlich auch eine kurze Verschnaufpause einlegen kann, erreichen wir die Birkenwaldstraße, der wir nach links folgen. Nach ca. 1 km befindet sich rechts der Straße eine Aussichtsplattform, von der man einen wunderbaren Blick auf die unterhalb gelegenen Weinberge der

Mönchhalde ② hat und dann weiter hinüber zur Reblandschaft zwischen Götzenberg und Kappelberg. Die Weinberge an Kriegsberg und Mönchhalde sind die Überbleibsel früher ausgedehnter Lagen im Stadtgebiet, die heute längst der Stadtbebauung zum Opfer gefallen sind. Aber durch die Eingemeindung von Bad Cannstatt, Ober- und Untertürkheim, Münster, Mühlhausen und Zuffenhausen hat sich die gesamte Rebfläche der Stadt nicht wesentlich verringert, wie der Rundblick von diesem Aussichtsplatz deutlich zeigt.

Die Birkenwaldstraße führt weiter auf der Höhe entlang bis zur Kreuzung am Weißenhof. Nun biegen wir nach rechts in die Friedrich-Ebert-Straße und fahren abwärts bis zu den Fuß-Radbrücken über die Heilbronner Straße. Jetzt halten wir uns links und radeln hinauf Richtung Aussichtsrondell und dahinter weiter zum Pragsattel. Die Brückenverbindungen erlauben eine problemlose Querung der Stadtautobahnen von B 27 und B 10. Dem Radweg entlang der Heilbronner Straße folgen wir noch einen guten Kilometer stadtauswärts und biegen dann rechts in die Krailenshaldenstraße ein. Sie führt uns entlang von Kleingärten bis an den Ortsrand von Zuffenhausen.

Bei der ersten Abzweigung machen wir eine scharfe Rechtskurve und fahren auf der Öhringer Straße zurück in Richtung **Krailenshalde** ③. Der Weg steigt jetzt durch die Weinberge an – zunächst noch gemächlich, später steiler werdend – hinauf zum Burgholzhof. Wir queren

Besenwirtschaft

Der Besen ist geöffnet! Dieser Hinweis am Wegesrand lässt manches Herz höher schlagen. Schlachtplatte, Ripple & Co. sind aber vorzugsweise der Winterzeit vorbehalten, so dass die sommerliche Radtour meist ohne diese Genüsse auskommen muss. Aber wen hindert es, dies zu gegebener Zeit nachzuholen? Geöffnet haben die Besenwirtschaften immer dann, wenn die Arbeit im Weinberg ruht und wenn in den Kellern Platz für den neuen Jahrgang geschaffen werden muss. Ausgeschenkt wird für wenige Wochen im Jahr der eigene Wein und an Speisen gibt es auch nur das, was selbst produziert wird. Diese Tradition ist schon sehr alt und jede Besenwirtschaft hat ihre besonderen Spezialitäten. Beherbergt werden die meist zahlreichen Gäste in der eigenen Wohnstube (heute immer seltener), im ausgebauten Keller oder in landwirtschaftlichen Nebenräumen mit maximal 40 Sitzplätzen, solange der Besen ohne Konzession betrieben wird. Auf jeden Fall sind die Portionen eher groß, die Preise meist günstig und der Platz stets ziemlich beengt.

Und noch ein Tipp: Nutzen Sie für die Heimfahrt vom Besen am besten öffentliche Verkehrsmittel, zumindest immer dann, wenn Sie nicht Wasser statt Wein trinken möchten!

die Auerbachstraße beim Robert-Bosch-Krankenhaus, fahren anschließend über den Paul-Hahn-Weg rechts um das Krankenhausgelände herum und befinden uns wieder inmitten der Weinberge oberhalb des Pragsattels, Lage **Berg** ④. Die beinahe 360-Grad-Aussicht, die sich hier bietet, entschädigt für die Mühen des Anstiegs und reicht weit nach Westen über Feuerbach hinweg Richtung Strohgäu, dann hinüber zum Killesberg und der Runde folgend ins Neckar- und Remstal. Leider bleibt der Rundweg nicht ganz auf einer Höhenlinie, so dass man am Ende nochmals hinauf muss zum Robert-Bosch-Krankenhaus. Aber schon unterhalb der Zufahrt geht es halb rechts weiter durch die Weinberge am **Wolfers-berg** ⑤ über Daiberweg Richtung der Straße Hallschlag.

Hier radeln wir abwärts bis zum Römerkastell und biegen nach ca. 1 km links in die Rommelstraße ab. An deren Ende befindet sich die Kelter der Weingärtner Bad Cannstatt, 2013 ausgezeichnet als beste Winzergenossenschaft Deutschlands. Auch hier lohnt sich wieder ein Blick über das Neckartal zum Rotenberg, aber wir sehen auch direkt zu unseren Füßen das Kontrastprogramm zwischen Kraftwerk Münster und einem schmalen Streifen Rebfläche – der **Cannstatter Halde** ⑥.

Anschließend erreichen wir über die Hartensteinstraße den Radweg durch den Travertinpark und folgen diesem

Blick von der Cannstatter Halde ins Neckartal

Altes Weinberghäuschen

zum Gelände der ehemaligen Zuckerfabrik und entlang der Bottroper Straße zur Löwentorstraße. Wir nutzen den Radweg links der Straße und biegen nach Querung der Bahntrasse nach links ab. Der Rad-Fußweg verläuft parallel zur Bahnlinie, nach ca. 500 m geht es rechts hinunter zum Neckar, dort wenden wir uns links und folgen der Austraße bis Mühlhausen. Die steilen Terrassenweinberge der Lage **Zuckerle** (7a) und **Mühlhäuser Steinhalde** (7b) mit ihren historischen Trockenmauern und der weite Bogen des Neckars sowie der Max-Eyth-See bilden die traumhafte Kulisse dieses Streckenabschnitts.

In Mühlhausen überqueren wir den Fluss und halten uns zunächst links, biegen in Hofen dann aber bei der nächsten Möglichkeit rechts ab bis hinauf zur Hartwaldstraße. Hier wenden wir uns nach rechts und dann immer geradeaus, bis wir über die Wagrainstraße zum Ortsende von Hofen gelangen. Dort halten wir uns links und fahren über den Hopfenseeweg den Zuckerberg hinauf nach Steinhaldenfeld. Die Zuckerbergstraße bringt uns am Hochbunker vorbei bis zur Kreuzung Steinhaldenstaße, dieser folgen wir nach rechts ca. 200 m und dann steil rechts hinunter in die Kleingartenanlage und vorbei an der zugehörigen Gaststätte. Der Weg schlängelt sich durch die Weinberge mit den Lagen **Zuckerle** (8a) und Cannstatter **Steinhalde** (8b) mit schönen Ausblicken ins Neckartal und führt dann hinunter zur Stadtbahnhaltestelle Obere Ziegelei an der Schmidener Straße. Diese überqueren wir an der Ampel und fahren bei der nächsten Mög-

Trockenmauern

Trockenmauern sind jahrtausendealte Baudenkmäler, deren Bau und Erhaltung zu den ältesten Kulturtechniken der Menschheit zählen. Ob Terrassenreisanbau in Südostasien, die Steinterrassen der Inkas in Südamerika oder der Terrassenweinbau in Europa – Trockenmauern sind Kunstwerke, die faszinierende Landschaften bilden, die Heimat bieten für selten gewordene Pflanzen und Tiere und die eindrucksvolle Zeugen menschlicher Arbeit und Gestaltungskraft sind.

Harte Arbeit: Trockenmauern im Weinberg

Sie schützen steile Hänge vor Auswaschungen und Erosion und bieten Kleinlebewesen und Vögeln einen geschützten Lebensraum: Es gibt spezielle Pflanzen, die sich im Laufe der Jahrhunderte optimal an die Trockenheit und Hitze dieser Biotope angepasst haben, wie z. B. Mauerpfeffer, Zimbelkraut, Weinraute oder Wilder Majoran. Einige Arten ertragen durchaus Temperaturen um die 60 Grad Celsius, was bei entsprechender Sonneneinstrahlung nicht selten vorkommt. Inzwischen gibt es gut besuchte Kurse, die die Technik des Trockenmauerbaus vermitteln, damit dieses wertvolle Wissen für zukünftige Generationen nicht verloren geht.

Die Weinlandschaft rund um Stuttgart hat noch immer trotz Flurbereinigung der 1970er-Jahre viele 1000 qm Trockenmauer, die es kontinuierlich instandzuhalten gilt (www.weinbauern-muehlhausen.de).

Stuttgarter Steillagen

Gerade die Steillagen-Weinberge in Bad Cannstatt und Mühlhausen sind charakteristisch für das Mittlere Neckartal. Sie sind nach Westen, Süden oder Südosten ausgerichtet und nutzen die intensive Sonneneinstrahlung und das Mikroklima der Trockenmauern für qualitätsvolle Weine. Genannt sei hier besonders die Lage Cannstatter Zuckerle.

Weitere bekannte Lagen sind Cannstatter Berg, Mönchberg, Götzenberg, Schlossberg, Steinhalde, Altenberg, Kirchberg. Wer seine Kenntnisse vertiefen möchte, wird im Weinbaumuseum in Uhlbach auf jeden Fall fündig. Es zeigt in neu renovierten Räumen alle Besonderheiten des Weinanbaus in Stuttgart, und in der angeschlossenen Probierstube kann der Sache weiter auf den Grund gegangen werden.

Adresse: Weinbaumuseum Stuttgart, Uhlbacher Platz 4, 70329 Stuttgart, www.weinbaumuseum.de

Am Zuckerberg

Radeln im Weinberg

lichkeit nach rechts zur Thorner Straße. Diese führt entlang der S-Bahn-Trasse und über Melanchthon- und Brenzstraße zur Remstalstraße. An deren Ende beim Elly-Heuss-Knapp-Gymnasium führt die Rommelshauser Straße gleich rechts hinauf zum Kreutelstein, bevor wir anschließend wieder hinunter nach Luginsland und Untertürkheim fahren. Wir nutzen die Unterführung Im Dietbach, um den

Oberhalb der Industrieanlagen im Neckartal

Riegel der B 14 zu überwinden, und folgen Barbarossa-, Goldberg- und Lotharstraße zum Gehrenwald. Jetzt haben wir die ausgedehnten Weinberge rund um Rotenberg erreicht. Wir radeln unterhalb von **Mönchberg** ⑨ₐ und **Württemberg** ⑨ᵦ vorbei und haben die Wahl zwischen einem Blick auf Daimler und die Industrieanlagen des Stuttgarter Hafens, oder aber wir lassen uns von der Aussicht über die Unter- und Obertürkheimer Weinlagen am **Altenberg** ⑩ hinüber zu den Terrassen des Wangener Bergs und von Hedelfingen bis hinauf zur Filderebene begeistern. Auf jeden Fall haben wir nun das Anstrengendste geschafft und können schließlich über die Obertürkheimer **Kirchsteige** ⑪ an der Kelter vorbei wieder zurück ins Tal rollen, wo wir den Bahnhof Obertürkheim erreichen.

 Kriegsberg, Mönchhalde, Cannstatter Berg, Zuckerberg, Mönchberg, Württemberg

 Tourstart: S-Bahn Stuttgart-Stadtmitte
Tourende: S-Bahn Obertürkheim

7 Eine Mineralwasser-Trinkkur
Von Stuttgart nach Bad Cannstatt

Stuttgart hat das größte Mineralwasservorkommen Westeuropas. Fälschlicherweise wird das Mineralwasser allerdings immer nur mit Bad Cannstatt in Verbindung gebracht, doch bereits beim Stuttgarter Marktplatz sprudelt Mineralwasser.

🕐	2 ½ Std.
➡	11 km
⛰	eben

Tipp zur Tour: Die Mitnahme eines Trinkbechers vereinfacht die Verkostung der verschiedenen Wässer.

Wegbeschaffenheit: Meist auf Nebenstraßen, sowie durch den Schlossgarten. Eben.

Unsere Tour beginnt am Stuttgarter Marktplatz, wo sich ältere Stuttgarter sicher noch an das Breuninger-Bad erinnern. Bei Bauarbeiten für das Kaufhaus war man auf eine Quelle gestoßen, die in den Jahren 1972–1988 ein Bad im Obergeschoss versorgte. Wegen rückläufiger Besucherzahlen ist dies jedoch Vergangenheit.

Nicht zur Vergangenheit gehört dagegen der **Markplatzbrunnen** ①, dessen Trog 1714 in Königsbronn gegossen wurde. 1804 schuf Hofbaumeister Nikolaus von Thouret die Säule. Die Dekorationen weisen auf den württembergischen Herzog Eberhard Ludwig sowie Stuttgart als Ort

Mineralwasser in Stuttgarts Mitte, das einst ein Mineralbad versorgte

der Pferdezucht hin. Leider ist der Marktbrunnen noch über eine »alte« Leitung angeschlossen, so dass sein Mineralwasser leicht verunreinigt ist.

Deshalb sollten wir unsere Trinkprobe erst in der Markthalle, schnell erreichbar über die Münzstraße, beginnen. An ihrer Stirnseite mit den Treppenaufgängen im Inneren befindet sich der **Ceresbrunnen** ②. Er ist ein Werk des Bildhauers Prof. Ulfert Janssen aus dem Jahre 1916. Passend zum munteren Treiben in der Markthalle stellt er Ceres, die römische Göttin der Feldfrucht, dar. Am 29. März 2009 konnte der im Zweiten Weltkrieg

zerstörte Brunnen zum zweiten Mal eingeweiht werden, nachdem er zum stolzen Preis von 400 000 Euro rekonstruiert worden war. Geschaffen hat ihn, nach den Originalplänen, der Osnabrücker Bildhauer Monke Herbert Rauer. Gebrannt hat ihn die Karlsruher Majolikamanufaktur und ermöglicht wurde er durch zahlreiche Spenden.

Die Quelle befindet sich in der **Dorotheenstraße Nr. 2** ③, im zweiten Untergeschoss. Sie fördert aus über 23 m Tiefe 400 l/Minute und versorgt den Marktplatzbrunnen, den Ceresbrunnen, den **Sparkassenbrunnen** ③a vor der

Die Herkunft des Mineralwassers

Mit der Frage der Herkunft des Mineralwassers haben sich schon Generationen beschäftigt. In der Beschreibung des Oberamts Stuttgart von 1832 lesen wir: »Der Herd dieser Quellen befindet sich vermutlich in dem Gebirge, worauf das Dorf Rotenberg liegt«. Dies wurde begründet u. a. mit zeitgleichen Erscheinungen an beiden Orten und den in diesem Bereich liegenden Mineralwasserquellen im Neckar. Bis in die 1980er-Jahre hielt man das Strohgäu für das Quellgebiet des Stuttgarter Mineralwassers.

Heute herrscht die Meinung vor, dass es aus dem Raum Sindelfingen zu uns strömt. Dort versickert Regenwasser und begibt sich auf eine Reise von ca. 15–20 Jahren in Richtung Stuttgart. In Verwerfungszonen vermischt es sich mit aus der Tiefe aufsteigender salzhaltiger Sole. Je nach Durchmischung bilden sich verschiedene Wässer. Im Stuttgarter Raum steht das Wasser unter (artesischem) Druck, sodass es bei Bohrungen als Fontäne aus der Erde tritt.

Ein Bohrversuch beim Esslinger Mineralbad Merkel im Jahre 2005 hat für Zündstoff gesorgt. Als dort unter starkem Druck Mineralwasser austrat, kam es in Stuttgart zu einer Verringerung der Mineralwasserschüttung. Damit stellt sich die Frage, zu wie viel Prozent das Stuttgarter Mineralwasser aus dem Albvorland kommt und wie sich querstehende Stuttgart-21-Tunnel bei Untertürkheim im Neckartal auf den Mineralwasserstrom auswirken werden.

Ceres, Göttin des Ackerbaus und der Fruchtbarkeit, in der Markthalle

Stiftskirche und den **Pyramidenbrunnen** ③b daneben.

Vorbei am Alten Schloss radeln wir über den Schlossplatz und durch den Schlossgarten in Richtung Bad Cannstatt. Auf Höhe des Hauptbahnhofs sehen wir hinter der Bundestraße einen Hotelbau aus hellem Klinker. An dieser Stelle stand einst die **Brauerei Wulle** ④ mit geschichtsträchtigem Festsaal.

1904 erbohrte die Brauerei in 22 m Tiefe zum ersten Mal Mineralwasser. 1930 wurde eine weitere Bohrung auf 95 m Tiefe gebracht, welche brodelndes Mineralwasser zutage förderte. Da Mineralwasser für Brauereizwecke nicht geeignet ist, wurde das Bohrloch wieder verschlossen. Die geringe Tiefe des Mineralwasservorkommens sorgt heute zahlreiche Stuttgarter in Zusammenhang mit Stuttgart 21. Sie befürchten, dass der Bau des Tiefbahnhofs an dieser Stelle die Heilquellen gefährden könnte – sei es durch Verunreinigungen oder Vermischen mit Grundwasser.

Unser Weg führt weiter in Richtung Bad Cannstatt, bis wir eine Rad- und Fußgängerbrücke erreichen, die über die Cannstatter Straße führt.

Hier schließen wir die Augen und versetzen uns in das Jahr 1119. Ein alter, kranker Hirsch (in Stuttgart!) kommt immer wieder zu einem Mineralwassersee und badet darin. Anscheinend bekommt ihm dies sehr gut. 1482 wird erstmals an dieser Stelle ein Bad, das **Hirschbad** ⑤, urkundlich erwähnt. Nach dem Niedergang des Bades im 16. Jahrhundert durch die Pest und andere Krankheiten erhielt der Kaufmann Erhard Friedrich Andreä die Erlaubnis, ein Bad mit einem Wirtshaus, Saal und fünf Zimmern, ein Badehaus mit drei Badekammern und Umkleide- und Ruhekammern zu errichten. 1810 wurde König Friedrich von Württemberg der Besitzer und aus dem Hirschbad wurde das Königsbad. Durch seinen Hofbaumeister Thouret ließ der König nun ein Bad mit 60 Badezimmern errichten, das 1825 beim 1. Schillerfest des Stuttgarter

Schutzzonen

Im Schwabenland wird ein kluger Mensch als Käpsele bezeichnet. Dies trifft offenbar auch auf das Mineralwasser in der schwäbischen Metropole zu.

2002 erließ das Regierungspräsidium lobenswerterweise eine Verordnung zum Schutz der Mineralquellen in Stuttgart. Aufgeteilt in Außen-, Innen- und Kernzone enthält sie Richtlinien und Verbote, um eine Gefährdung der Mineralquellen

auszuschließen. Stutzig machen allerdings drei Bereiche in der Kernzone, die davon explizit ausgenommen sind. An erster Stelle wurde ein Versicherungsbau errichtet, an zweiter Stelle das neue Kunstmuseum und an dritter Stelle soll der neue Hauptbahnhof gebaut werden. Ergebnis: Das Stuttgarter Mineralwasser ist ein Käpsele und meidet diese Stellen.

Liederkranzes sogar in die Literaturgeschichte eingehen sollte. Bis 1908 lief hier der Badebetrieb unter gesundheitlichen Aspekten. Im Zweiten Weltkrieg wurde das Bad zerstört.

Vorbei an Seen und einem Bachlauf, die von Mineralwasser gespeist werden, erreichen wir hinter der Stadtbahnhaltestelle Mineralbäder das **Mineralbad Berg** (6), in dessen Eingangsbereich sich eine öffentliche Trinkquelle befindet. 1810 eröffnete der Baumwollfabrikant Karl Bockshammer hier eine mechanische Baumwollspinnerei, die von dem damals dort vorbeifließenden Nesenbach angetrieben wurde. Da der Wasserstand stark schwankte, ließ Bockshammer um 1830 nach Wasser bohren. In 45 m Tiefe fand er fünf Mineralwasserquellen und hatte damit nicht nur ausreichend Wasser, sondern auch noch eisfreien Antrieb im Winter.

Erst 1856 schlug die Geburtsstunde als Mineralbad. In diesem Jahr eröffnete der königliche Hofgärtner Friedrich Neuner das »Stuttgarter Mineral-Bad bei Berg« – im Volksmund einfach das »Neuner« oder auch das »Berg« genannt. Der Mineralwassersee wurde in ein gemauertes Schwimmbecken umgewandelt, umrahmt von einem überdachten Gang mit dahinterliegenden Umkleidekabinen. Aus den Quellen fließen täglich 5 Millionen Liter Mineralwasser zwischen 22 und 34 Grad Celsius. Zeitweise wurde auch Mineralwasser in Flaschen abgefüllt und als »Berger Urquell« verkauft. Der letzte private Besitzer, Ludwig Blankenhorn, sah das Bad durch Stuttgart 21 gefährdet

Der Schatz der Schätze, die Genesung

und hätte dagegen klagen können. Dazu kam es nicht, denn die Stadt Stuttgart kaufte 2005 das »Berg« für 8,45 Millionen Euro – unter scharfem Protest des Rechnungsprüfungsamtes aufgrund der Höhe dieses Kaufpreises.

Ein paar Radlängen weiter in Richtung Bad Cannstatt stoßen wir auf das **Mineralbad Leuze** (7) mit öffentlicher Trinkquelle im Eingangsbereich. Hier erbohrte sich der Tuch- und Wollwarenfabrikant Ehrenfried Klotz 1829 in 28 m Tiefe seinen eisfreien Wasserantrieb. Nach Be-

Bäder-Herrlichkeit

Nur 30 Jahre, von 1840 bis 1870, währte die Blütezeit des Cannstatter Badewesens. Rauchende Schlote, Zeichen der Industrialisierung, beendeten sie.

Die Grundlage für den Erfolg dieser drei Jahrzehnte bildeten die »Heilanstalt für Flechtenkranke« von Albert Friedrich Veiel, die Heilanstalt für Orthopädie von Jakob Heine und die Heilanstalt für Orthopädie von Heinrich Ebner. Aufgrund der Erfolge dieser Heilanstalten stellte sich alsbald eine Schickeria aus Kultur, Politik und Adel ein, um zu kuren, aber auch um zu »promenieren«. Für die Bevölkerung dagegen war das Mineralwasser preiswertes und sauberes Trinkwasser, das nebenher auch noch gut tat.

Ausdruck des mondänen Badelebens war das Hotel Hermann, an der Stelle des heutigen Rot-Kreuz-Krankenhauses in der Badstraße. Es gehörte zu den vornehmsten Hotels Württembergs. 1821 besaß es 106 Zimmer, einen Speisesaal mit 300 Plätzen, ein Badehaus mit 33 Kabinen, ein Konversationshaus, Stallungen für 110 Pferde und Wagenremisen, einen Badegarten mit Lusthäuschen, Rutschen, Schaukeln, Kegelspiel, Karussell, Schießstand, sowie einer Bücherei/Buchhandlung mit deutschen und fremdsprachigen Büchern. Daneben existierte noch eine Vielzahl weiterer Hotels.

Ein solch mondäner Ort war natürlich prädestiniert für die Erziehung der Jugend. Erziehungsinstitute, getrennt nach Männlein und Weiblein, nahmen sich dieser Aufgabe an. Die Schüler kamen bei weitem nicht nur aus schwäbischen Gefilden, sondern aus ganz Europa.

Mit der eingangs erwähnten Industrialisierung war das Ende des mondänen Cannstatt besiegelt. Daran änderte auch der Titel »Bad« nichts mehr, den die Nazis Cannstatt 1933 genehmigten, weil das Badewesen in ihre Vorstellung von »Volksgesundheit« passte.

Heute ist das Mineralwasser und die damit verbundene Geschichte ein hohes Gut für Bad Cannstatt/Stuttgart und darüber hinaus.

sitzerwechsel eröffnete dann Augustin Koch 1842 ein Mineralbad. 1851 erwarb Ludwig Leuze das Bad, das fortan seinen Namen trug, auch wenn es bereits 1919 in den Besitz der Stadt Stuttgart überging. In den 1980er-Jahren wurde das Bad grundlegend neu gestaltet und trägt seitdem die Handschrift des Künstlers Otto Herbert Hajek. Aus seinen beiden Quellen – Leuzequelle und Inselquelle – sprudelt im Leuze täglich die unvorstellbare Menge von 43 Millionen Liter Mineralwasser.

Die Inselquelle machte schon früh Schlagzeilen. Sie war bereits vor ihrer industriellen Verwendung als »gesunde Quelle« bekannt, geriet aber wieder in Vergessenheit. Im 19. Jahrhundert sorgte sie, aufgrund ihrer Lage auf einer Neckarinsel, für ständige Streitereien zwischen Stuttgart und Cannstatt. Dies gipfelte darin, dass die Cannstatter den Steg zur Insel abrissen, den sie später allerdings wieder aufbauen mussten. Die Neckarkanalisierung von 1928 besiegelte das Ende der Insel wie auch der Quelle. Sie wurde verschlossen und verschwand im begradigten Neckar. Ein Nachfolger wurde am Ufer neu erbohrt. Der Verschluss der alten Inselquelle ist allerdings mit der Zeit undicht geworden. Bei ruhigem Wasser sieht man nahe der Mauer beim Leuze Blasen im Neckar aufsteigen, die vom sprudelnden Mineralwasser stammen.

Fahren wir weiter über die Neckarbrücke, erreichen wir Bad Cannstatt. Hinter dem Wasen biegen wir oben nach rechts ab. Bei der nächsten Fußgängerampel geht es nach links in den Veielbrunnenweg. Alsbald befindet sich rechts unten der **Veielbrunnen** (8), einst auf den sogenannten Trommelwiesen gelegen, die heute längst überbaut sind. Namensbildend war der Umstand, dass, wenn das Ohr auf den Boden der Wiesen gelegt wurde, die Gasentwicklung des aufwärts strömenden Mineralwassers deutlich als »Trommeln« zu vernehmen war. Der Brunnen wurde nach Hofrat Albert Friedrich Veil und seinem Sohn Theodor Veil benannt. Albert Veil war der Gründer der ersten Hautklinik Deutschlands, der »Heilanstalt für Flechtenkranke«. Seine Erfolge als Hautarzt trugen nicht unwesentlich zum guten Ruf Bad Cannstatts als Kurort bei. Zahlreiche Kurgäste folgten, darunter Prominente aus Kultur, Politik und Adel.

Interessanterweise versiegte der Veielbrunnen bei der Erbohrung der neuen Inselquelle wochenlang. Dies gilt als einer der vielen Beweise, dass alle Mineralquellen hier als ein einheitliches System betrachtet werden müssen. Nach einem Bombenschaden im Zweiten Weltkrieg wurde der Veielbrunnen 1953 neu aufgebohrt und gestaltet.

Weiter geht es im Veielbrunnenweg bis zur Daimlerstraße, in die wir nach links einbiegen und ihr bis hinter dem Kreisverkehr folgen. Beim zweiten Kreisverkehr biegen wir nach links in die Seelbergstraße. Über den Wilhelmsplatz erreichen wir die Marktstraße. Auf der Höhe der Erbsenbrunnengasse steht der **Erbsenbrunnen** (9). Diesen Namen trug bereits der Vorgängerbrunnen, weil mit seinem Wasser angeblich am besten Hülsenfrüchte gekocht werden konnten. Eine Behauptung mit wenig Substanz, da auch dieser Brunnen zusammen mit weiteren in der Altstadt an der gleichen Quelle an-

Der Prinz auf der Erbse

geschlossen ist. »Böse Zungen« behaupten, dass dieser Brunnen wegen seiner Lage in der Marktstraße dagegen am besten für Klatsch und Tratsch geeignet war. Da dies als Begründung nicht in Betracht kam, hatte das Wasser eben bessere Kocheigenschaften für Hülsenfrüchte.

Wenig Substanz hat offenbar auch die Behauptung, Ex-Bundespräsident Richard von Weizsäcker hätte als Kind dem Bildhauer Fritz von Graevenitz für die Brunnenfigur Modell gestanden. Richtiger ist wohl, dass er für einen anderen, im Krieg zerstörten, Brunnen, Modell stand. Aber wer wird solchem (falschen) Ruhm ernsthaft entgegentreten?

Der Marktstraße weiter folgend kommt rechts das alte Cannstatter Rathaus. Hinter ihm befand sich auf dem freien Platz ein Mineralwassersee, eine **Sulz** ⑩. Diese Sulz mag für die Einwohner früherer Zeiten ein ungeheurer, brodelnder Tümpel von unergründlicher Tiefe, mit schwefelartigem Geruch und vielen unheimlichen Geschichten gewesen sein. Beim Erdbeben von 1755, das Lissabon zerstörte, rutschte gar der hintere Teil des Rathauses mit Getöse ein Stück in die Sulz. Zu Anfang des 19. Jahrhunderts verschwand die Sulz, sie wurde zugeschüttet. Nicht verschwunden sind die Probleme. Die Rückseite des Rathauses ist im Laufe der Zeit ca. 70 cm abgesackt, so dass umfassende Sicherungsmaßnahmen erforderlich wurden. Eine Pfahlgründung erwies sich als schwierig, da selbst in 20 m Tiefe kein fester Grund gefunden wurde. Die Sanierung konnte erst 2013 abgeschlossen werden.

Der versteckte Kellerbrunnen versorgt viele weitere Brunnen

Biegen wir hinter der Kirche nach rechts in die Brunnenstraße. Im Hinterhof beim Haus Nr. 25 befindet sich – unscheinbar – der **Kellerbrunnen** ⑪. Von hier werden sieben Brunnen, so auch der Erbsenbrunnen, versorgt. Einst wurde von dieser Quelle auch der »Schwaben Sprudel« abgefüllt, FCKW-Verunreinigungen brachten im Jahre 1987 aber das Aus für die Mineralbrunnen GmbH. Es gibt mittlerweile Stimmen, die diese zeitweise Verschmutzung mit dem damaligen S-Bahn-Bau in Verbindung bringen.

Weiter geht es über die Brunnenstraße in den **Cannstatter Kurpark** ⑫. 1597 und 1773 brach hier ein Goldfieber aus, das Fieber nach dem »Weißen Gold«, dem Salz. Es wurde eine Bohrung von 28 m Tiefe niedergebracht – eine stolze Leistung für die Zeit – doch das Wasser, welches unter großem Druck aus dem Bohrloch entwich, war nicht salzhaltig genug, eignete sich aber als Antrieb für eine Ölmühle. Es wurde auch zum Trinken genutzt, und alsbald machte sich seine heilende Wirkung bemerkbar. Die Wildnis um die Ölmühle wurde sukzessive verschönert, auch sprach sich der Heilerfolg des Wassers herum und prominente Kur-

Cannstatter Kurpark – hier flanierte einst Europas Hautevolee

gäste fanden sich ein. Sonntags flanierten die Bürger vor die Tore Cannstatts zu den Quellen.

Unter König Wilhelm I. wurde 1825 der Mittelbau des heutigen Kursaals nach Plänen vom Hofbaumeister Nikolaus von Thouret errichtet, später folgten die Seitenflügel. 1909 wurde zuletzt der kleine Kursaal eingeweiht, im Jugendstil gestaltet nach Plänen des Architekten Albert Eitel.

Hinter dem Kursaal befinden sich drei Mineralwasser-**Quellen** ⑬ : die Gottlieb-Daimler-Quelle und die beiden Wilhelmsbrunnen I und II. Das daneben liegende **Mineralbad Cannstatt** ⑭ verfügt über insgesamt fünf Quellen. Eine einmalige Gelegenheit also, die Mineralwassertour mit einer innerlichen wie äußerlichen Anwendung dieser Mineralwässer zu beenden.

Über die Martin-Luther-Straße, nach rechts in die Deckerstraße, über den Kreisverkehr in die Bahnhofstraße erreichen wir abschließend den Cannstatter Bahnhof.

  Mineralwasserbrunnen, Mineralbäder, Travertinbrunnen

  Tourstart: S-Bahn Stadtmitte
Tourende: S-Bahn Bad Cannstatt

8 Cannstatter Marmor – Travertin

Stein gewordenes Mineralwasser

Stuttgart hat das größte Mineralwasservorkommen Westeuropas. Und wie zum Tag die Nacht, gehört der Travertin zum Mineralwasser. So gibt es auch in Bad Cannstatt Travertinvorkommen, abgebaut in zahlreichen Steinbrüchen. Dabei werden immer wieder Versteinerungen von Pflanzen und Tieren der Frühzeit entdeckt. Zahlreiche Bauwerke sind in Travertin ausgeführt und stellen manchmal auch ein Politikum dar, wie die Travertinsäulen beim Kraftwerk Münster.

🕐	2 ½ Std.
→	16 km
⛰	99 m

Tipp zur Tour: Kurpark Bad Cannstatt: Dehnen Sie den Abstecher zum Daimlerturm aus und drehen Sie noch eine Runde aufwärts durch den Kurpark. Neben schönem altem Baumbestand befindet sich hier das Daimlersche Gewächshaus und hinter dem Kursaal ein Aussichtspunkt.

Wegbeschaffenheit: Meist auf Nebenstraßen, sowie auf Radwegen. Eben, bis auf einen kurzen Anstieg hoch zum Römerkastell.

Start dieser Tour ist der Cannstatter Bahnhof. Von dort aus biegen wir nach rechts ab und wählen beim Kreisverkehr den zweiten Abzweig, die Daimlerstraße. Kurz darauf biegen wir nach links in den Veielbrunnenweg ein, fahren bei der Heinrich-Ebner-Straße nochmals links und gleich wieder links. Dort erreichen wir das Naturdenkmal **»Erdaufschluss Heinrich-Ebner-Straße«** ①. Von oben beginnend befindet sich hier Kiesfels, Neckarauemergel und dann eine Schicht Travertin, darunter Löss. In diesen Schichten wurden viele steinzeitliche Fossilien entdeckt,

so auch der Knochenfund beim heute benachbarten Kindergarten. Die hier gefundenen Mammut-Stoßzähne erweckten schon das Interesse König Friedrichs I., der die Ausgrabungen im Jahre 1816 persönlich überwachte. Dabei holte er sich eine Lungenentzündung und verstarb wenig später.

Beim Veielbrunnenweg biegen wir nach links ab und unterqueren an dessen Ende nach links die Bahngleise bis zur Deckertstraße, in die wir wieder nach links abbiegen. Nun geht es in die Martin-Luther-Straße nach rechts bis zur

Sodenerstraße. Hier machen wir einen kurzen Abstecher zur **Travertinsiedlung** ②, die sich zwischen Nauheimer-, Emser-, Waiblinger- und Sodener Straße erstreckt. Sie wurde 1926 als Projekt gegen die damals herrschende Wohnungsnot erbaut mit dem heimischen Travertin. Allerdings nicht wie bei Repräsentationsbauten – wie dem Hindenburgbau in der Königsstraße – mit großflächigen Platten,

Travertin

Travertin (ital. travertino, lat. lapis tiburtinus, »Stein aus Tivoli«) kommt an vielen Orten vor. Er steht in enger Verbindung mit Mineralwasser, wovon Cannstatt bekanntlich reichlich hat. Hier hat er sich seit ca. 500 000 Jahren gebildet. Er wird vom Mineralwasser mit hohem Mineralgehalt abgeschieden, sobald es an die Oberfläche gelangt. Durch den Druckabbau wird Kohlensäure freigesetzt und die vormals im Wasser gelösten Mineralien lagern sich schichtenweise ab und härten mit der Zeit aus. Wobei Travertin härter als Sandstein wird. Die Farbe des Travertins hängt von den eingelagerten Mineralien ab. Die gelbe bis bräunliche Färbung des Cannstatter Travertin kommt von Eisenmineralien.

Der Travertin hat oft seinen »Mantel« über eine längst ausgestorbene Tierwelt gelegt. Funde von Sumpfschildkröten, Waldnashörnern, Waldelefanten und Höhlenlöwen, um die sich eine schützende Schicht Travertin legte, sind zahlreich erhalten. Ebenso Funde, die auf Urmenschen und ihre Werkzeuge hinweisen. Anzuschauen sind sie im Museum am Löwentor.

Erdaufschluss mit Cannstatter Travertin

sondern mit Bruchsteinmauerwerk. Dies fällt bei der Bearbeitung des Travertins ab und ist preiswerter. Rein optisch gesehen hat es seinen eigenen Reiz und ist mehr als nur kostengünstiges Material.

Wir fahren die Martin-Luther-Straße zurück bis zur Wildunger Straße, in die wir nach links einbiegen, bis wir auf die Schusterbahn treffen. Beschäftigte der Salamander Schuhfabrik, die diese

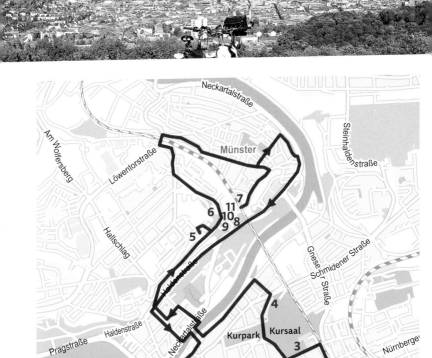

Bahnverbindung zwischen Untertürkheim und Kornwestheim zahlreich nutzten, prägten den Begriff. Nach links entlang der Bahnlinie, unter dem Augsburger Platz hindurch, geradeaus weiter, bis es links die Wiesbadener Straße abwärts geht. Alsbald beginnt rechts der Kurpark, in dem sich der **Daimlerturm** ③ befindet. Er gehörte einst zum Anwesen von Gottlieb Daimler, wo er zusammen mit

dem Gewächshaus vom Krieg verschont blieb. Der Turm wurde 1894 errichtet, natürlich aus Travertin, der beim Bau der Schusterbahn übrig blieb. Daimler hatte offensichtlich ein Faible für Türme und ruhte sich hier gerne aus.

Wir fahren die Wiesbadener Straße weiter abwärts und biegen nach rechts in die Taubenheimstraße. Vorbei am Kursaal, nach rechts in die Sulzerrainstraße.

Daimlers Turm mit guten Aussichten

Im Haus Nr. 24 befindet sich die Verkaufsstelle des städtischen Weinguts. Der untere Teil des Hauses stammt aus dem Jahr 1886 und beherbergt seine Schätze im **Travertinkeller** ④. Allerdings –wenig romantisch – wurde der Keller 20 m weit unter dem Kurpark als Luftschutzbunker für 2500 Personen erweitert. Bei konstanten 14 bis 16 Grad lagern hier heute die Weine. Damit schließt sich wieder ein Kreis. Auf Travertin reift der Cannstatter Wein zu vorzüglichen Tropfen, wird geerntet, gekeltert und gelangt wieder im Travertin(keller) zur Lagerung.

Da für Radfahrer die Promillegrenze ebenso gilt, strampeln wir weiter und überqueren die Schmidener Straße. Geradeaus durch die Niedernauer Straße bis zum Neckar, vor dem wir links abbiegen.

Bei nächster Gelegenheit fahren wir hoch auf den Neckardamm, um beim Mühlsteg auf das gegenüberliegende Ufer zu queren. Weiter geht es über die Neckartalstraße kurz rechts und gleich wieder links, entlang an Stuttgarts wohl kürzestem Gewässerlauf, dem Abfluss der Mombachquelle. Kurz vor dem Quellteich, der sich auf dem Gelände des Schwimmbades befindet, biegen wir nach links zur Krefelder Straße ab. Hier rechts bis zur Haldenstraße, dann wieder rechts und vor dem ehemaligen Lokschuppen links, leicht ansteigend aufwärts. Wir radeln jetzt auf der Trasse der ersten elektrischen Industriebahn in Württemberg von 1926. Sie schloss Cannstatter Betriebe an das Bahnnetz bei Münster an, auch den Steinbruch Schauffele. Am 31. Dezember 2000

Freilichtmuseum Travertinpark

wurde der Bahnbetrieb eingestellt. Heute erinnern nur noch Gleisreste, Strommasten und der ehemalige Lockschuppen an diese Zeit.

Wir folgen der ehemaligen Bahntrasse bis zum linksseitigen Abzweig, der uns zum ehemaligen verfüllten **Steinbruch Schauffele** ⑤ aufwärts führt. Der Steinbruch Schauffele eröffnete im Jahre 1922 und lieferte Travertin unter anderem für den Mittnachtbau in der Stuttgarter Königstraße sowie für das Märzfeld der Nazis in Nürnberg. 1997 wurde der unter »Marmor und Treppen GmbH« firmierende Steinbruch endgültig geschlossen. Am 19. Mai 2010 wurde auf dem verfüllten Steinbruch ein Teil des heutigen Travertinparks eröffnet. Neben zahlreichen

Informationstafeln befinden sich hier eine historische Krahnbahn und Steinbearbeitungsmaschinen. Wie mühselig das Geschäft war, sieht man daran, dass anfangs mit diesen Gattersägen 1 cm Sägeleistung pro Stunde geschafft wurde; mit Hilfe von diamantbestückten Sägeblättern steigerte sich dies später auf 10 cm pro Stunde. Nicht zu übersehen ist hier der herrliche Ausblick auf Bad Cannstatt.

Wir fahren wieder zurück bis zum letzten Abzweig, wo wir nach links abbiegen und wieder auf der ehemaligen Bahntrasse Richtung Münster fahren. Auf der linken Seite erstreckt sich nun der ehemalige **Steinbruch Haas** ⑥. Die Firma Haas war seit 1902 aktiv, zunächst zusammen mit Lauster und ab 1916 eigenständig. 1988 stellte die Firma ihre Arbeit ein und verkaufte anschließend den Steinbruch an die Stadt. 2007 baute die Firma Lauster auf diesem Gelände nochmals Travertin ab. Sehr schön ist heute noch die Vielzahl von Bohrungen zu sehen, die nötig waren, um einen Block aus der Wand zu lösen, ohne sprengen zu müssen.

Immer wieder wurden hier auch fossile Überreste von Tieren und Pflanzen gefunden, die in Travertin eingeschlossen waren, 1980 gelang sogar der sensationelle Fund eines Waldelefanten-Schädels. Die Höhe von 1,30 m lässt darauf schließen, dass es sich um ein besonders großes Tier handelte. Er ist im Museum am Löwentor ausgestellt. Heute tummeln sich hauptsächlich kleinere Tiere, wie Eidechsen und Wildbienen, im Steinbruch.

Travertin aus dem Steinbruch Haas wurde im Schloss Rosenstein und im Landtag verbaut. Der Erbsenbrunnen in der Marktstraße in Cannstatt stammt ebenfalls von hier.

Weiter führt nun der Weg geradeaus zur Bottroper Straße, der wir nach rechts bis zur Löwentorstraße folgen. Hier biegen wir nach rechts unter die Bahnlinie hindurch und gleich wieder rechts, parallel zu den Bahngleisen, in die Nagoldstraße in Richtung Bahnhof Münster ein. Entlang der Straße können wir das eine oder andere Haus bewundern, das aus dem heimischen Travertin errichtet wurde, mal mit grober, mal mit polierter Oberfläche. Wir folgen der Nagoldstraße bis zur Illerstraße. Bevor wir in diese nach links einbiegen, fahren wir noch weiter geradeaus und dann nach rechts in die Enzstraße. Am Ende der Straße erstreckt sich auf der rechten Seite das sogenannte **»Obere Werk«** ⑦ der Firma **Lauster**. Hier befand sich die Versandhalle, die über einen Transportschacht und ein Treppenhaus mit dem unteren Werksteil, der Vierkranenhalle und dem Steinbruch verbunden war.

Leider fallen weite Teile des ehemaligen Betriebsgeländes mittlerweile dem Zerfall anheim. Weiter genutzt werden das Wohnhaus Enztalstraße 40 (Architekt Adolf Lauster), Teile der Hallen und das Verwaltungsgebäude Enztalstraße 42,

Filigrane Arbeiten aus hartem Stein

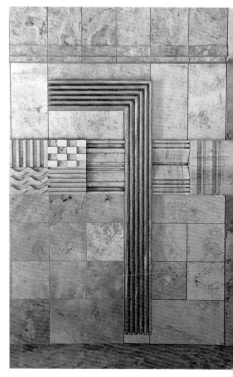

Endlager für politische Schwergewichte

welches heute noch von einem Firmennachfolger, der Lauster Steinbau, in Betrieb gehalten wird. Es stammt aus den 1920er-Jahren und besticht durch seine vielfältigen Steinarbeiten: angefangen beim Treppengeländer, über die Reliefs auf dem Treppenpodest, bis zu den Intarsienarbeiten (!) an der Decke – natürlich alles aus Travertin.

Nun fahren wir wieder zurück und wenden uns von der Nagoldstraße nach rechts in die Illerstraße. In die Austraße biegen wir nach rechts ab und am Ende nach links zur Neckartalstraße. Dieser folgen wir nach rechts in Richtung Müllverbrennungsanlage, vorbei am Sportheim aus Travertin und dem dahinterliegenden einstigen Gelände des Steinwerks Haas. Die Gegend lädt nicht gerade zum Radeln ein, wir werden aber gleich bei

der Müllverbrennung durch eine Reihe von stattlichen **Säulen** (⑧) belohnt. Um diese ranken sich teils wilde Gerüchte und falsche Behauptungen, die einer vom anderen unhinterfragt abschreibt. Richtig dagegen ist: Diese Säulen wurden 1936 von der Stadt Berlin bestellt für die von den Nazis geplante Welthauptstadt Germania (Berlin). Hitlers Haus- und Hofarchitekt für das Monumentale, Albert Speer, plante für die Ost-West-Magistrale einen monumentalen Kreisverkehr am heutigen Theodor-Heuss-Platz und in dessen Mitte ein Denkmal mit »bescheidenen« 45 m Höhe, bestehend aus zwei Säulenstockwerken bekrönt von einer Heroenfigur. Da die umstehenden Mietsblöcke nicht heroisch genug aussahen, sollten sie durch einen 10 m hohen Arkadenring abgeschirmt werden.

Für das unterste Säulenstockwerk des zentralen Denkmals waren Lausters Säulen vorgesehen. 1937 wurden sie auftragsgemäß gebrochen und bezahlt, aber nie abgeholt. Nach 1945 hat die Firma Lauster die Steine von der Stadt Berlin zurückgekauft, die nach dem Konkurs jetzt einer Stuttgarter Immobilienfirma gehören. 14 Säulen, je 15 m hoch mit je 9 Zylindern von 1,75 m Durchmesser, laut Landeshauptstadt Stuttgart ein »unbewegliches Bau- und Kunstdenkmal«.

Hinter den Säulen erstreckt sich das einstige Lauster-Imperium, heute leider Privatgelände. Die Firma wurde bereits im Jahre 1805 gegründet, und 1902 kaufte Adolf Theodor Lauster den an dieser Stelle befindlichen Blattnerschen Steinbruch auf.

Links oben auf einem mächtigen Travertinsockel thront die 1920/21 von Werkmeister Fritz Lauster erbaute **Villa Lauster** ⑨. Hinter ihr auf der linken Seite befindet sich der **Steinbruch Lauster** ⑩, rechts davon das ehemalige **Travertinwerk Adolf Lauster** ⑪. Wenn wir uns mit dessen Geschichte befassen wollen, beginnen wir ganz rechts bei der jetzigen »Tankstelle«. Hinter dieser sehen wir das Portal eines früher offenen Steingewölbes, dessen Vorplatz allerdings aufgefüllt worden ist. In diesen offenen Steingewölben begann einst der Travertinabbau. Links davon war ein Berghang, der bis zur noch bestehenden Villa Lauster reichte. Über die Jahrzehnte grub man sich in den einstigen Hang hinein. Ein Teil des Travertins wurde abgezwackt, um immer neue, größere Gebäude und Hallen in den entstandenen Leerräumen des Steinbruchs zu errichten. Der Abbau erfolgte zunächst mit Hilfe von Sprengungen und in Handarbeit. Später wurden mit Bohrschablonen Löcher in den Travertinblock gebohrt und dieser anschließend mit Keilen gespalten. Seit 1906 konnte durch Hilfe der Hydraulik weitgehend auf Sprengungen verzichtet werden. Die Firma Lauster entwickelte sich zum Industriebetrieb. Es wurde schweres Gerät für die Arbeit im Steinbruch selbst (!) entwickelt, ebenso Maschinen zur Steinbearbeitung in der neu entstandenen Fabrikhalle, so beispielsweise eine Steinhobelmaschine. Der hohe Stand der Technik wird auch an der Produktion der bereits erwähnten Säulen deutlich. Wie sollten sie hergestellt werden? Hierzu wurden große Bohrkronen gebaut, mit denen aus dem Fels die runden Kerne herausgebohrt wurden. Ähnlich wie heute mit Bohrmaschine und Bohrkrone Löcher für Lichtschalter gebohrt werden, nur ein »bisschen« größer.

Das Geschäft boomte, immer mehr Travertin wurde verkauft und damit wurde Platz für neue Werkhallen frei, damit die Nachfrage gedeckt werden konnte. Erst die Halle, in der der Travertin bearbeitet wurde, später eine eigene für die Werkzeuge. Rechts befand sich der Sozialtrakt mit Kantine etc.

Für die Monumentalbauten des Dritten Reiches war der »Cannstatter Marmor« (Travertin) ein bei den Machthabern beliebter Baustoff. Nach 1945 geriet der Travertin allmählich in Vergessenheit. 1974 ging die Firma Lauster in Konkurs.

schinen verschrottet. Seit 1990 wird das Gelände zur Müllsortierung genutzt.

1983 wurde wenigstens der Steinbruch zu einem wichtigen Naturdenkmal und wegen seiner Fossilienfunde zum Grabungsschutzgebiet erklärt. Die Gebäude stehen seit 1987 unter Denkmalschutz.

Nach diesem Abstecher fahren wir weiter die Neckartalstraße bis zur Haldenstraße, in die wir nach rechts einbiegen. Hinter dem bereits bekannten Lokschuppen folgen wir nach links der Krefelder Straße. An der Neckartalstraße geht es erst kurz links, um dann die Straße und den Neckar zu überqueren. Dahinter rechts abbiegend erreichen wir Bad Cannstatt. Hier endet die Travertintour mit einem Bummel durch die Altstadt, beispielsweise in der Marktstraße zum Erbsenbrunnen, natürlich aus Travertin, anschließend zum Bahnhof Cannstatt, unserem Ausgangspunkt.

Tropfen für Tropfen – Neuer Travertin wächst nach

Ein nicht wieder gut zu machendes Versäumnis ist es jedoch, dass die Stadt Stuttgart nicht fähig war, dieses Industriedenkmal zu erhalten. Ein einstmals hoch innovatives Werk nebst Maschinenpark wurde 1984 verkauft, Gebäude abgerissen, demoliert, teilweise verfüllt und Ma-

Wer Travertin wachsen sehen will, dem sei ein Besuch des Mineralbades Leuze, speziell der Sauna, empfohlen. Hier tropft seit 2001 an einem künstlichen **Tropfstein (Stalaktit)** ⑫ Mineralwasser herab. Dabei hat sich eine schon recht starke Travertinkruste gebildet.

 Industriedenkmäler, Travertinsteinbrüche, Travertinbauten in allen Formen

 Tourstart und -ende: S-Bahn Bad Cannstatt

9 Von Lebens-Künstlerinnen, Pazifistinnen und Pionierinnen

Auf den Spuren der Stuttgarter Frauengeschichte

Auch in Stuttgart haben über die Jahrhunderte Frauen aus ganz unterschiedlichen Hintergründen gelebt und gearbeitet. Im öffentlichen Bewusstsein ist diese Selbstverständlichkeit weniger präsent. Was erinnert heute noch an Karoline Kaulla, zu ihrer Zeit die reichste Frau Deutschlands, oder wer weiß, wo Hermine Kiehnle ihr berühmtes Kochbuch schrieb?

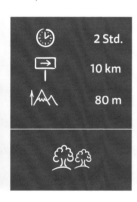

2 Std.	**Tipp zur Tour:** Katharina Maria (Käte) Schaller-Härlin. Eine der vielseitigsten Malerinnen Stuttgarts, die neben Porträts auch Stilleben und monumentale Wandbilder schuf. Sie lebte und arbeitete lange Jahre in der Stadt, wovon in der Gaisburger Kirche noch erhaltene Wandbilder zeugen.
10 km	
80 m	
	Wegbeschaffenheit: Meist eben bzw. mit leichten Steigungen, vorwiegend auf Nebenstraßen, größere Steigungen können mit S-Bahn oder Stadtbahn überbrückt werden.

Startpunkt dieser Tour ist die Karoline-Kaulla-Passage bzw. der **Karoline-Kaulla-Weg** ① bei der Landesbank Baden-Württemberg hinter dem Hauptbahnhof. Wieso ausgerechnet hier an diesem wenig einladenden, auf Jahre in einer Großbaustelle eingezwängten Ort?

Unser Besuch an dieser Stelle gilt Karoline (Chaile) Kaulla, geborene Raphael (1739–1809), bekannt als Madame Kaulla, die bereits als 29-Jährige ihr erstes Bank-Patent erhielt. Insofern passt der Straßenname bei der LBBW sehr gut. Aus der Schreibung ihres jüdischen Vornamens entstand der Nachname Kaulla, den aufgrund ihres großen wirtschaftlichen Erfolges und ihrer Bekanntheit auch ihre Brüder und deren Nachkommen später annahmen.

1770 beantragte sie das Amt der Herzoglich-Württembergischen Hoffaktorin und wurde damit Nachfolgerin des württembergischen Hoffinanziers Joseph Süß Oppenheimer, der 1738 in Stuttgart hingerichtet worden war. Ihr Geld verdiente sie mit Finanzgeschäften als Chefin des

Wechsel- und Handelshauses Kaulla in Stuttgart. Daneben finanzierte sie die Feldzüge des württembergischen Hofes ebenso wie die der kaiserlichen Armee gegen Napoleon. Für ihre Verdienste erhielt Madame Kaulla 1808 von Kaiser Franz I. die große kaiserliche Zivilverdienstmedaille an der goldenen Kette. Sie war Mitbegründerin der Königlich Württembergischen Hofbank, die letzten Endes in den 1920er-Jahren in der Deutschen Bank aufging. Trotzdem kann Madame Kaulla heute noch als Vorbild für das krisengeschüttelte Bankgewerbe gelten. Sie hat ihr großes Vermögen für zahlreiche wohltätige Zwecke und die Ar-

menfürsorge verwendet und dabei keine religiösen Unterschiede gemacht.

Beerdigt ist Karoline Kaulla auf dem jüdischen Friedhof in Hechingen. Es finden sich aber auch Grabsteine der Familie Kaulla auf dem Stuttgarter Hoppenlau-Friedhof (▶ Tour 13 ⓴).

Anschließend fahren wir hinüber zur Heilbronner Straße, überqueren diese bei der nächsten Ampel und biegen in die Jägerstraße ein. Am Ende gelangen wir zum **Katharinenhospital** ②, das nach Königin Katharina benannt ist.

Geboren als Katharina Pawlowna Romanowa, Großfürstin von Russland, war sie mit König Wilhelm I. verheiratet und

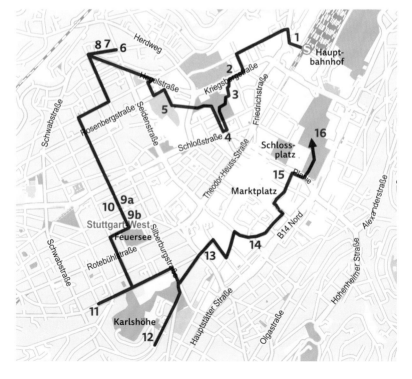

von 1816 bis 1819 Königin von Württemberg in einer Zeit großer Missernten, Teuerungen und Hungersnot. Sie war sehr sozial engagiert – Institutionen wie das Katharinenstift, das Katharinenhospital sowie das Wohlfahrtswerk Baden-Württemberg gehen auf sie zurück – und starb bereits mit 31 Jahren an einer Lungenentzündung. Ihr ist das Mausoleum auf dem Rotenberg (Grabkapelle) gewidmet.

Vor dem Katharinenhospital gelangt man an der Ampel über die Kriegsbergstraße hinüber zum Universitätsgelände. Dort befindet sich an der Ecke der Grünfläche vor den Universitätsgebäuden ein Gedenkstein für die Widerstandskämpferin **Lilo Hermann** ③.

Liselotte Herrmann (genannt Lilo, 1909–1938) studierte Chemie und Biologie in Stuttgart und Berlin, war zunächst Mitglied im Kommunistischen Jugendverband und seit 1931 in der KPD. Sie war 1933 Mitunterzeichnerin des Aufrufs Berliner Studenten zur Verteidigung demokratischer Rechte und wurde deshalb im Juli 1933 vom Studium ausgeschlossen. Sie beteiligte sich anschließend illegal am Widerstand gegen die Nazis. Aus ihrer Beziehung zu Fritz Rau, der bereits Ende 1933 in Berlin-Moabit erschlagen worden war, stammte auch ihr Sohn Walter, der 1934 geboren wurde und später bei den Großeltern aufwuchs. Sie lebte jetzt wieder in Stuttgart und hielt Kontakt zur KPD über Verbindungen in der Schweiz. Deshalb wurde sie Ende 1935 verhaftet, vor dem Volksgerichtshof angeklagt, im Juni 1937 wegen Vorbereitung zum Hochverrat zum Tode verurteilt und ein Jahr später

Lilo-Hermann-Gedenkstein, illegal aufgestellt, heute geduldet

in Plötzensee hingerichtet. Während Lilo Herrmann in der DDR als Widerstandskämpferin stets anerkannt war, tat man sich in Stuttgart aufgrund ihrer Mitgliedschaft in der KPD lange Zeit mit dem Gedenken sehr schwer. Daher wurde der Stein des Stadtjugendrings vor der Universität zunächst heimlich verlegt, dann aber von der Stadtverwaltung nachträglich akzeptiert. 2008 wurde im Beisein ihres Sohnes ein Stolperstein für Lilo Herrmann in der Hölderlinstraße 22 verlegt.

Wenden wir uns jetzt nach links, erreichen wir in wenigen Minuten in der Willi-Bleicher-Straße 19 das Design-Center Stuttgart. Hier befindet sich auch das Büro der **Mia-Seeger-Stiftung** ④.

Mia Seeger ist 1903 in Bad Cannstatt geboren und 1991 in Stuttgart gestorben. Nach ihrer Ausbildung an der hiesigen Kunstgewerbeschule arbeitete sie ab 1924 für den Werkbund und begleitete dessen Ausstellungen u. a. bei der Weissenhofsiedlung. Sie war ab den 1930er-Jahren als Fachautorin und Redakteurin zu den Themen Bauen und Wohnen tätig und

betreute auch nach dem Krieg für den Deutschen Werkbund weiterhin bedeutende Design-Ausstellungen in aller Welt. Mit der Mia-Seeger-Stiftung, die sie 1985 initiierte, werden begabte Nachwuchs-DesignerInnen gefördert. Der Preis wird jährlich ausgeschrieben und ist aufgrund der Beteiligung weiterer Sponsoren sehr gut dotiert.

Anschließend fahren wir wieder zurück in den Stadtgarten und wenden uns dort auf der Hauptachse nach links, radeln durch die Unterführung der Holzgartenstraße und erreichen dann den Eingang des Hoppenlau-Friedhofs. Dort befindet sich das Grab der Musikerin und Komponistin **Emilie Zumsteeg** (5). Der genaue Standort ist auf der Tafel rechts neben dem Eingang verzeichnet.

Emilie Zumsteeg lebte von 1796 bis 1857 und war Musiklehrerin in Stuttgart. Sie leitete den ersten Frauenliederkranz in

Grab von Emilie Zumsteeg
auf dem Hoppenlau-Friedhof

Württemberg und komponierte Werke für Klavier und Chormusik. Zu ihrer Zeit war sie eine bekannte Größe in der Stuttgarter Kulturszene um Gustav Schwab, Justinus Kerner oder Eduard Mörike. Sie erhielt deshalb auch finanzielle Unterstützung von König Wilhelm I. Heute ist sie allerdings fast in Vergessenheit geraten. Ihr Nachlass befindet sich in der Württembergischen Landesbibliothek.

Nach der Durchquerung des Hoppenlau-Friedhofs befinden wir uns an der Kreuzung Rosenberg-Hoppenlaustraße und folgen letzterer geradeaus zur Hegelstraße, wo wir links einbiegen. An der nächsten Kreuzung hinter der Russischen Kirche fahren wir nach rechts und sind in der Hölderlinstraße angelangt. Die nächsten Ziele hier sind die Häuser Nr. 17, 22 und 28.

Bei Haus Nr. 17 befindet sich das **GEDOK-Gebäude** (6) mit Wohnateliers sowie einem Ausstellungs- und Konzertsaal. Die GEDOK bietet Künstlerinnen aller Sparten Entfaltungsmöglichkeiten und Atelier-Räume, denn nach wie vor sind Frauen trotz Gleichberechtigung und künstlerischer Qualifikationen auf dem Kunstmarkt benachteiligt und unterrepräsentiert. Bei GEDOK Stuttgart entsteht dank des Engagements der Mitglieder ein vielseitiges kulturelles Programm mit Konzerten, Lesungen, Ausstellungen und Workshops.

Beim Haus Nr. 22 befindet sich, wie bereits erwähnt, der Stolperstein für **Lilo Herrmann** (7). Zum Schluss gelangen wir noch zum Haus Nr. 28, dem heutigen **Hölderlingymnasium** (8). Dieses war

GEDOK –
Entfaltungsräume
für Künstlerinnen

früher das Stuttgarter Mädchengymnasium, wo 15 Jahre lang **Mathilde Planck** unterrichtete.

Johanna Friederike Mathilde Planck (1861–1955) war darüber hinaus eine der ersten weiblichen Abgeordneten im Landtag von Württemberg. Sie zählt zu den wichtigsten Frauen der bürgerlichen Frauen- und Friedensbewegung im Südwesten. Planck war Vorsitzende des Württembergischen Lehrerinnenvereins und des Verbandes württembergischer Frauenvereine und schrieb für die Zeitschriften »Die Frauenwacht« und »Die Rosa Frau« (die Frauenbeilage des Stuttgarter Neuen Tagblatts). Mathilde Planck engagierte sich für die Errichtung moderner Altersheime und gehörte zudem zu den Gründungsmitgliedern der Wüstenrot Bausparkasse. Als erste Frau erhielt sie 1951 das Bundesverdienstkreuz.

Aus der Hölderlinstraße kommend geht es jetzt nach links in die Falkertstraße und dieser folgend bis zur Lerchenstraße, wo wir nach rechts abbiegen bis zur Kreuzung Johannesstraße. Dort befinden sich an der Ecke Ludwigstraße zwei Gebäude, die den Namen von Königin Olga tragen: das Königin **Olga-Stift** (9a) (Johannesstraße 18), 1873 als Mädchenschule gegründet, und das **Olga-Heim** (9b) (Johannesstraße 4), ehemaliges Frauenheim, heute Seniorenwohnheim. Olga Nikolajewna Romanowa (1822–1892), geboren als russische Großfürstin in Sankt Petersburg, war als Ehefrau von Karl I. später württembergische Königin. Durch ihr weitreichendes soziales Engagement war sie sehr beliebt, denn sie gründete zahlreiche Einrichtungen, die bis heute Bestand haben: u. a. Olgäle, Karl-Olga-Krankenhaus, Nikolauspflege sowie das bereits erwähnte Königin-Olga-Stift und das Olgaheim. Sie initiierte auch den Bau der Russischen Kirche in der Hegelstraße, die aber erst nach ihrem Tod fertiggestellt wurde.

Ebenfalls in der Johannesstraße befindet sich beim Haus Nr. 18 seit 35 Jahren eine weitere »Fraueninstitution«, das Frauenkulturzentrum **Sarah** ⑩. Es ist das älteste Frauenkulturzentrum Deutschlands und ein Treffpunkt für Frauen und Frauengruppen zu Information, Diskussion und Austausch mit Veranstaltungsprogramm und Café.

Am Ende der Johannesstraße halten wir uns rechts und fahren die Gutenbergstraße bis zur Senefelderstraße und weiter bis zur Reinsburgstraße Nr. 61. Hier befand sich das erste Vereinshaus des **Schwäbischen Frauenvereins** ⑪. Er widmet sich seit 1872 der Ausbildung von Frauen mit Haushaltsschule, Kochschule, Handelsschule bis zur Fachhochschule für Sozialwesen. Langjährige Leiterin der Kochschule war Hermine Kiehnle, die Verfasserin des immer wieder neu aufgelegten Kiehnle-Kochbuchs.

Jetzt geht es die Reinsburgstraße abwärts bis zur Sillburgstraße. Dieser folgen wir nach rechts und fahren bis zum Fuß der Karlshöhe, dort biegen wir nach rechts in die Hohenzollernstraße und

sind beim übernächsten Abzweig bei der Else-Himmelheber-Staffel angelangt.

Else Himmelheber ⑫, geboren 1905 in Stuttgart-Ost, wurde am 30. November 1944 im KZ Dachau erschossen. Sie stammte aus einer Arbeiterfamilie, war Mitglied der Naturfreundejugend und später der KPD und arbeitete dort zeitweise in der Reichsleitung in Berlin. Ab 1933 war sie zunächst im Zuchthaus und anschließend bis 1938 im KZ Moringen. Nach ihrer Entlassung lebte sie wieder in Stuttgart und schloss sich dem Kreis von Widerstandskämpfern an, zu dem auch die Brüder Schlotterbeck gehörten. Nach dem Verrat der Gruppe an die Gestapo wurde sie erneut verhaftet, verhört, gefoltert und schließlich ins KZ Dachau eingeliefert. Dort wurde sie ohne Gerichtsverhandlung erschossen.

Es geht jetzt auf gleichem Weg zurück, aber bei der nächsten Ampel halten wir uns halb rechts und radeln die Marienstraße hinunter. Im Haus Nr. 25, das so allerdings nicht mehr existiert, hatte **Else Kienle** ⑬ ihre Arztpraxis.

Else Ida Pauline Kienle (1900–1970) war Ärztin und Schriftstellerin und engagierte sich gegen den § 210. Ihr Berufswunsch fand nicht unbedingt die Zustimmung ihres Vaters. Rückblickend notierte sie: »Damals war es einfach undenkbar, dass eine Tochter aus gutem Hause einen Beruf ergriff, vom Medizinstudium ganz zu schweigen. Das 20. Jahrhundert und seine großen Wandlungen hatten zwar schon angefangen, doch die meisten von uns lebten immer noch in der Vergangenheit, die nicht die geringste Veränderung verhieß. Es war eine geordnete Vergangenheit, in der alles seinen angestammten Platz hatte, und an dem Platz, der den Frauen zugewiesen war, ließ sich nicht rütteln. Da ich Ärztin werden wollte, musste ich zuerst eine Rebellin werden.«

Nach dem Studium arbeitete Dr. Else Kienle als Assistenzärztin in der Abteilung für Geschlechtskrankheiten im Stuttgarter Katharinenhospital bei der Behandlung von Prostituierten. 1929 konnte sie eine Privatpraxis in der Marienstraße eröffnen als Fachärztin für Hautkrankheiten, Beinleiden und Kosmetik und arbeitete hier auch auf dem Gebiet der Wiederherstellungschirurgie. Da Else Kienle auch Abtreibungen vornahm, wurde sie im Februar 1931 zusammen mit dem Arzt und Schriftsteller Friedrich Wolf verhaftet und wochenlang verhört. Während eines Hungerstreiks verlor sie das Bewusstsein und wurde schließlich Ende März wegen Haftunfähigkeit entlassen. Anschließend verließ sie Stuttgart und musste 1932 wegen ihres Kampfes gegen den § 218 untertauchen, wurde jahrelang steckbrieflich gesucht, floh nach Frankreich und schließlich in die USA. Dort betrieb sie erfolgreich eine Praxis für Schönheitschirurgie.

Nach Überquerung der Paulinenbrücke radeln wir geradeaus weiter und biegen bei der nächsten Möglichkeit nach rechts in die Sophienstraße und anschließend wieder nach links in die Tübinger Straße ein, der wir bis zum Ende folgen. Erneut nach rechts kommen wir in die Eberhardstraße und können am Abzweig zur Torstraße kurz an **Christiane Ruthard** ⑭ erinnern, die hier gewohnt

Letzte hingerichtete Giftmörderin

hat und 1845 wegen Mordes hingerichtet wurde. Sie hatte ihren Mann mit Arsen vergiftet aus Enttäuschung darüber, dass er es zu nichts gebracht und ihr gesamtes Vermögen vertan hatte.

Wir halten uns jetzt halb links und folgen der Fahrradstraße am Marktplatz vorbei zum Alten Schloss. Hier wohnte von 1922 bis zum Großbrand im Jahre 1931 **Anna Blos** ⑮, geb. Tomaszewska, (1866–1933). Sie war Lehrerin, gründete den Verband der Stuttgarter Hausfrauen und war später die erste Frau im Amt eines Schulrates im Deutschen Reich. Als SPD-Mitglied schaffte sie es bis in den württembergischen Landesvorstand und gehörte als einzige weibliche Abge-

In diesem Haus wohnten
von 1905 bis 1909 die Sozialdemokraten

Anna Blos, geb. Tomasczewska (1866-1933),

erste Frau in einem deutschen Ortsschulrat,
Mitglied der Weimarer Nationalversammlung
und des Reichstages
und Vorkämpferin der Frauenbewegung,

und ihr Ehemann

Wilhelm Blos (1849-1927),

politischer Schriftsteller, langjähriges Reichstagsmitglied
und 1918-1920 erster Staatspräsident Württembergs.

Pro Alt-Cannstatt   Gestiftet vom SPD-Ortsverein Stuttgart-Bad Cannstatt   **87**

Anna-Blos-Gedenktafel am einstigen
Wohnort, Wiesbadenerstraße 3

ordnete der württembergischen SPD der
Weimarer Nationalversammlung an. Sie
heiratete 1905 den späteren württembergischen Staatspräsidenten Wilhelm Blos.

Wir überqueren jetzt den Karlsplatz
und kommen bei der Ampel über die Planie in den Schlossgarten. Hier stoßen wir
auf das Landtagsgebäude und nutzen die
Gelegenheit, an dieser Stelle an **Anna
Haag** ⑯ (1888–1982) zu erinnern. Sie
war Schriftstellerin, Pazifistin, Frauen-

rechtlerin und als SPD-Politikerin in die
verfassungsgebende Landesversammlung Württemberg-Baden berufen – neben Gertrud Frühschütz (KPD) dort eine
der wenigen Frauen. Anna Haag engagierte sich für die Frauenbildung und
gründete das Anna-Haag-Haus in Bad
Cannstatt. Als Pazifistin lehnte sie den
Kriegsdienst mit der Waffe strikt ab. Ihr
Satz »Niemand kann zum Dienst mit der
Waffe gezwungen werden« aus der Ver-
fassung von Württemberg-Baden wurde
später in das Grundgesetz der Bundesrepublik Deutschland aufgenommen
(»Niemand darf gegen sein Gewissen
zum Kriegsdienst mit der Waffe gezwungen werden«, Art. 4 Abs. 3 GG).

Damit endet dieser Rundweg, und
durch den Schlossgarten erreichen wir
in Kürze wieder den Ausgangspunkt am
Hauptbahnhof. Frauenorte, die außerhalb dieser Strecke liegen, gibt es noch
mehr als genügend. Einige lohnenswerte
Ziele seien hier noch erwähnt:

Ein Denkmal, das an die Künstlerin Anna Sutter erinnert (▶ Tour 1 ③)

Clara Zetkin

Villa Zundel, Kirchheimer Straße 14,
Sillenbuch; Clara-Zetkin-Waldheim
Sillenbuch, Gorch-Fock-Straße

Clara Josephine Zetkin, geb. Eißner (1857–
1933) – Frauenrechtlerin und Politikerin –
wohnte ab 1891 lange Jahre in Stuttgart,
davon 20 Jahre in ihrem Haus in Sillenbuch. Sie war zunächst in der SPD aktiv,
gehörte dort zum linken Flügel und leitete
das Frauenreferat. Sie gehörte 1907 zu den
Mitorganisatorinnen des Internationalen
Sozialistenkongresses in Stuttgart und initiierte 1910 den Internationalen Frauentag,
der seither am 8. März begangen wird. 1917
schloss sie sich der SPD-Abspaltung USPD
an aus Protest gegen die kriegsfreundliche
Haltung der SPD im Ersten Weltkrieg und
gehörte zum Spartakusbund. Nach Gründung der KPD war sie ein einflussreiches
Mitglied dieser Partei und von 1919 bis
1920 für die KPD in der Verfassunggeben-
den Landesversammlung Württembergs
als eine unter den ersten 13 weiblichen
Abgeordneten. Von 1920 bis 1933 schließlich war sie Reichstagsabgeordnete für die
KPD und 1932 Alterspräsidentin des Parla-
ments. Unter dem Gejohle der Nationalsozialisten hielt sie in dieser Funktion
am 30. August 1932 die Eröffnungsrede im
Reichstag. Sie warnte vor der Gefahr des
Faschismus und plädierte für eine Ein-
heitsfront gegen diesen. Nach der Macht-
übernahme der Nazis ging sie kurz vor
ihrem Tod ins Exil in die Sowjetunion.

www.waldheim-stuttgart.de

Margarete von Wrangell

Gedenkstein auf dem Gelände
des Instituts für Pflanzenernährung
Universität Hohenheim

Margarete von Wrangell (1877–1932) war
Professorin für Pflanzenernährungslehre
in Hohenheim und die erste ordentliche
Professorin an einer deutschen Hochschule. Sie studierte in Leipzig und Tü-
bingen und promovierte dort 1909 mit
summa cum laude im Fach Chemie. Seit
1918 arbeitete Margarete von Wrangell
an der Landwirtschaftlichen Versuchs-
station Hohenheim und habilitierte sich
dort 1920 mit einer Arbeit über Phosphor-
säureaufnahme und Bodenreaktion. Damit war sie eine Pionierin der Düngemit-
tel-Forschung.

1923 wurde sie – nicht unbedingt zur
Freude mancher Professorenkollegen –
zur ordentlichen Professorin ernannt. Mit
finanzieller Unterstützung des Reichs-
ernährungsministeriums erhielt sie ein
eigenes Institut mit Laboratorien und
einem Versuchsfeld, das sie bis zu ihrem
Tod leitete.

Auf einem 1934 auf dem Gelände ih-
res Hohenheimer Instituts errichteten
Gedenkstein ist der wissenschaftliche
Leitspruch der Forscherin festgehalten:
»Ich lebte mit den Pflanzen. Ich legte das
Ohr an den Boden und es schien mir, als
seien die Pflanzen froh, etwas über die
Geheimnisse des Wachstums erzählen
zu können«.

www.margarete-von-wrangell.de

Württembergischer Malerinnen-Verein

Eugenstraße 17
Anna Peters, Käthe Löwenthal, Alice Haarburger, Ida Kerkovius

Da an der Stuttgarter Kunstakademie zunächst keine Frauen aufgenommen wurden, gründeten Künstlerinnen unter dem Vorsitz von Anna Peters (1843–1926) – einer der ersten Frauen in Deutschland, die als Kunstmalerin vom Verkauf ihrer Bilder leben konnte – am 25. Februar 1893 den Württembergischen Malerinnen-Verein, der im ersten Jahr bereits fast 40 Mitgliederinnen hatte. Despektierlich wurden die Künstlerinnen von einigen »Malweiber« genannt. 1907 war es dem Verein, der eine eigene Darlehens- und Unterstützungskasse für die Mitgliederinnen unterhielt, möglich, das Atelierhaus in der Eugenstraße zu kaufen. Dort konnten die Künstlerinnen arbeiten und ihre Werke ausstellen. Auch die Malerin Käte Schaller-Härlin besuchte hier Malkurse. Mit Ida Kerkovius (1879–1970) hatte der Malerinnen-Verein ein weiteres berühmtes Mitglied. Von 1933–1945 war der Verein durch die Reichskulturkammer gleichgeschaltet und jüdische Künstlerinnen ausgeschlossen. Dies traf auch Alice Haarburger (*1891, ermordet in Riga 1942), Käthe Löwenthal (*1878, ermordet in Izbica 1942) und Clara Neuburger (*1888, ermordet in Izbica 1942), die Berufsverbot hatten und in Vernichtungslager verschleppt wurden. Nach allen drei Künstlerinnen sind heute in Stuttgart Straßen benannt. 1945 hat der Verein seine Selbständigkeit wieder erhalten und sich in »Bund Bildender Künstlerinnen Württembergs e. V.« umbenannt. Er unterhält weiterhin das Atelierhaus, organisiert Ausstellungen in den eigenen Räumen oder in Kooperation mit anderen Institutionen (www.bbk-wuerttemberg.de) und leistet weiterhin die Vernetzung von Künstlerinnen.

 Wohnhäuser, Denkmäler, Wirkungsstätten, Stolpersteine

Tourstart und -ende: S-Bahn Stuttgart-Hauptbahnhof

10 Licht – Luft – Sonne

Jugendstil von West nach Ost

Gründerzeit – Stadterweiterung – Bauboom, das lässt das Herz des »offiziellen« Stuttgart eigentlich immer höher schlagen. Aber gepaart mit verspielten Ornamenten, kreativem Witz und Fantasie möchte man sich das doch lieber nicht auf die Fahnen schreiben. Auch wenn das Erbe des Jugendstils in Stuttgart nicht gerade hoch gehalten wird, führt seine Spur auch heute noch durch (fast) alle Stadtteile, man muss ihr nur folgen!

🕐	2 ½ Std.
→	18 km
⛰	160 m

Tipp zur Tour: Neugierig geworden? Weitere Touren zum Thema Jugendstil bietet der Führer: »Jugendstil – Stadtspaziergänge in Stuttgart«, erschienen im G. Braun Buchverlag.

Wegbeschaffenheit: Meist eben bzw. einige Steigungen, vorwiegend auf Nebenstraßen, größere Anstiege können ggf. mit der Stadtbahn überbrückt werden.

Der **Hölderlinplatz** ① ist zwar, wie die meisten Stuttgarter Plätze, doch eher eine Straßenkreuzung, aber die geschlossene Bebauung aus den Anfangsjahren des 20. Jahrhunderts (Hölderlinplatz 2–10) beeindruckt noch heute. Bei der Endhaltestelle der U-Bahn radeln wir die Johannesstraße abwärts bis zur Lindenspürstraße, dort halten wir uns rechts bis zur Hasenbergstraße. Nun geht es nach links und dann geradeaus über den Z-Übergang an der Bebelstraße hinweg bis zur Elisabethenstraße. Die schachbrettartig verlaufenden Straßenzüge des Stuttgarter Westens wurden zwischen 1870 und 1915 angelegt und von den Flä-chenbombardements 1943/44 einigermaßen verschont. Abgesehen von einigen nachträglichen Bausünden hat sich das Straßenbild ganz gut erhalten, das »Häusergucken« lohnt sich jedenfalls. Zu sehen sind repräsentative Stadthäuser mit zum Teil sehr schönem bauplastischem Schmuck – zwischen Historismus und Jugendstil.

Jedes einzelne Gebäude im Detail zu beschreiben, würde hier zu weit gehen. Die vorgeschlagene Strecke soll vielmehr den Blick schärfen für einen Baustil, der sich neben der reinen Zweckmäßigkeit (große, helle Wohnungen für ein besseres Leben) auch noch beste Handwerkskunst

Afrikanische Exotik am schwäbischen Haus

Vorsicht bissiger Drache

Abgeschrägt für Licht, Luft, Sonne

für ästhetische Höhenflüge auf seine Fahnen schrieb.

Die Elisabethenstraße führt aufwärts zum Bismarckplatz und weiter zur Gutbrodstraße. Hier halten wir uns links und gelangen über die Rötestraße zur Paulusstraße. An der Ecke sorgt das sog. **»Elefantenhaus«** (2) für zusätzliche Aufmerksamkeit. Aber auch die nächsten Häuser **Paulusstraße 4–14** (3) sind besonders sehenswert. Teilweise entworfen von den bekannten Architekten Paul Schmohl & Ernst Staehelin sind sie alle reich verziert mit sehr schönen floralen Motiven und weiteren »exotischen Spielereien«. Wir wenden uns nun nach

links und sehen beim Eckhaus **Seyfferstraße 44–46** (4) die städtebaulichen Prinzipien dieser Zeit: angeschnittene Straßenecken sollten mehr Licht, Luft und Sonne in die Häuserzeilen bringen. Durch die ausgeprägte Eckfassade mit ihren Schmuckelementen machte der Architekt Karl Hengerer diese Vorgabe zum wichtigsten gestalterischen Element seines Hauses. Auch das nächste Eckhaus Seyfferstraße/Ludwigstraße 108–110 ist wieder besonders sehenswert: ins Auge sticht vor allem der schön gearbeitete steinerne **Drache** (5).

Über die Rotebühlstraße hinweg folgen wir der Seyfferstraße bis zum Ende und erreichen nach einem kurzen Anstieg die **Reinsburgstraße** ⑥. Auf der gegenüberliegenden Seite befindet sich beim Haus Nr. **105** ein Gebäude der Gebrüder Kärn, zweier Jugendstil-Architekten, denen wir auf dieser Strecke noch öfter begegnen werden. Dieses Wohnhaus, inzwischen auch farblich wieder nach den ursprünglichen Plänen saniert, ist ein typisches Beispiel für den süddeutschen Jugendstil – dezent zurückhaltend mit Bezügen zu lokalen Bautraditionen (Holzschindeln).

Anschließend fahren wir die Reinsburgstraße hinunter, wenden uns an der Schwabstaße nach rechts und durchqueren den Schwabtunnel. Am anderen Ende wartet ein besonderes Jugendstil-Juwel, **Schickhardtstraße 43–47** ⑦, errichtet 1902–1904 ebenfalls von den Gebrüdern Kärn.

Emil und Paul Kärn (* 1871 bzw. 1872) haben sich durch einige herausragende Jugendstilbauten in Stuttgart hervorgetan: Arminstraße 31, Haußmannstraße 160, Liststaffel 2, Liststraße 68–74, Reinsburgstraße 105, Schickhardtstraße 43–47, Vogelsangstraße 30. Ihr Stil ist einmalig und unverkennbar, aber ihre Bautätigkeit in Stuttgart beschränkt sich auf die kurze Zeit zwischen 1900 und 1910. Über ihr weiteres Schaffen ist wenig bekannt.

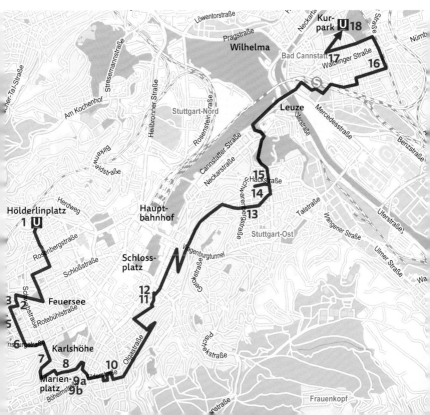

Liststaffel 2,
blumiger Eingang

Einige weitere Kärn-Häuser folgen im Anschluss. Dazu radeln wir die Schickhardtstraße weiter abwärts und biegen nach ca. 300 m nach links in die Mörikestraße ein, nach dem Heslacher Hallenbad geht es rechts in die Adlerstraße und gleich wieder links in die **Arminstraße** (8). Beim Haus Nr. **31** befand sich das ehemalige Architekturbüro der Gebrüder Kärn, florale Stuckelemente mit Lebensbaum-Motiven zieren die Fassade. Am Ende der Arminstraße gelangen wir über die Hohenstaufenstraße zum Marienplatz.

Oberhalb des Marienplatzes befindet sich in der **Liststaffel 2** (9a) ein typisches Kärn-Haus mit einem sehr schönen Eingangsbereich. Am Ende der Staffel nach rechts, in der **Liststraße 68–74** (9b) befinden sich weitere Kärn-Häuser mit rein geometrischem Jugendstil. Ein Abstecher zu Fuß über die Stäffele lohnt sich also.

Anschließend geht es per Rad die Filderstraße aufwärts, vorbei am alten Zahnradbahnhof. Im anschließenden Stadtquartier gibt es sehr viele schön erhaltene Gründerzeithäuser mit Jugendstilmotiven zu entdecken, insbesondere im Strohberg, in der Liststraße, der Pelargusstraße und der Römerstraße. Ein weiterer Stopp empfiehlt sich dann unbedingt bei der **Markus-Kirche** (10).

Die Liststraße mündet am Ende in die Alexanderstraße, der wir abwärts folgen. Rechts und links ist diese Straße gesäumt von prächtigen, repräsentativen Mehrfamilienhäusern, von denen eigentlich fast jedes einen Blick wert ist. Viele Häuser sind im Neobarock oder Neubiedermeier mit einigen sehr schönen Jugendstilelementen gestaltet.

Markus-Kirche

Die Markus-Kirche, zwischen 1906 und 1908 nach Plänen von Heinrich Dolmetsch erbaut, ist eine der ersten Kirchen in Deutschland, bei denen Beton als Baustoff zum Einsatz kam. Sichtbar ist dieser Beton allerdings nicht, denn sowohl die Außenfassade als auch die Innenräume wurden nach dem Verständnis der Jugendstil-Künstler ganzheitlich gestaltet – von der Kirchturmspitze bis zum Raumthermometer. Durch die günstigere Bauausführung in Beton waren für die technische Gebäudeausstattung noch genügend Mittel vorhanden. Sie war für die damalige Zeit sehr innovativ bezüglich Belüftung, Heizung und Raumakustik bis hin zur versenkbaren Trennwand. Ein ausgeklügeltes Beleuchtungs- und Farbkonzept rundete die Raumgestaltung ab. Leider haben bauliche Veränderungen der Fenster den Raumeindruck nachhaltig gestört, auch wenn eine ansonsten gelungene Sanierung den ursprünglichen Bauzustand weitgehend wieder hergestellt hat.

An Werktagen ist die Kirche nachmittags zur Besichtigung geöffnet, die Gemeinde bietet auch immer wieder Führungen durch das Gebäude an.

www.markusgemeinde-stutttgart.de

Markus-Kirche: Jugendstil vom Schlüsselloch bis zur Turmspitze

Jugendstil & Lebensreform

Jugendstil – das ist ein enthusiastisches Plädoyer für eine neue, unverbrauchte Formensprache in der Kunst, wobei sich dies ausdrücklich auch auf das »Kunsthandwerk« bezog: Malerei, Bildhauerei, Architektur, aber auch Grafik, Schmuck, Glas, Porzellan, Textil, Metall und Holz für Kunst- und Gebrauchsgegenstände von höchster Qualität.

Ausgehend von England breitete sich dieser neue Stil in ganz Europa aus und verbindet sich in jedem Land mit den örtlichen Besonderheiten aus Fauna und Flora, Geschichte, Folklore und kunsthandwerklichen Traditionen. Der Jugendstil bildet somit eine Vielzahl von Stilformen, die von Paris bis Moskau die ganze Bandbreite dieser kunstgeschichtlichen Epoche ausmachen.

Eingebettet ist dieser künstlerische Neuanfang in die große Aufbruchs- und Jugendbewegung dieser Zeit, die Lebensreform. Sie propagierte eine Neuorientierung des Lebens und eine Veränderung der Werte für alle Lebensbereiche, wie Wohnen, Gesundheit und Ernährung, Erziehung und Bildung, Sexualität, Religion und Philosophie – weg von althergebrachten Vorbildern hin zu mehr Selbstbestimmung und Individualität.

Für ca. 20 Jahre war der Jugendstil stilprägend, und viele Jugendstilkünstler gehörten zur internationalen Avantgarde. Stuttgart stand nicht unbedingt im Zentrum dieser Entwicklung, hatte aber mit Bernhard Pankok, dem damaligen Direktor der Kunstgewerbeschule, durchaus einen prominenten Vertreter vor Ort. Es ist deshalb nicht verwunderlich, dass in einer Zeit großer Bautätigkeit in der Stadt auch der Jugendstil seine Spuren hinterlassen hat.

Beim Weißenburgbrunnen mit der Marmorfigur des »Sinnenden Mädchens« von Daniel Stocker biegen wir nach links in die Zimmermannstraße ab und erreichen gleich darauf den Kreisverkehr an der Olgastraße. Der zweite Abzweig rechts führt die Wilhelmstraße weiter abwärts, bei der Katharinenstraße biegen wir erneut rechts ab. Bei der **Pfarrstraße** ⑪ können wir kurz links beim Haus Nr. **15/15a** die schmiedeeisernen Arbeiten im Jugendstil bewundern und anschließend durch die Weberstraße bis zur Kreuzung Brennerstraße weiterradeln. Das **Eckhaus Brennerstraße 27** ⑫ wartet mit einem beeindruckenden farbigen Lebensbaummotiv an der Fassade auf. Und weiter geht es über die Rosenstraße rechts zur Olgastraße. Dieser folgen wir nun über die Charlottenstraße hinweg über die Werastraße bis zur Kreuzung Kernerstraße. Dort biegen wir scharf rechts ab und gelangen dann hinauf zum Eugensplatz. Die Brunnenanlage mit dem Galathea-Brunnen und der Aussichtsterrasse ist immer einen Besuch wert, auch wenn es hier keinen Jugendstil zu sehen gibt. Wer die Steigung mit der Stadtbahn überbrücken will, steigt am Olgaeck in die U-Bahn und erreicht nach wenigen Minuten ebenfalls den Eugensplatz. Jetzt ist die anstrengendste Steigung geschafft – nur noch 250 m, dann ist der Scheitelpunkt der Haußmannstraße erreicht und es geht an der Hanglinie entlang zum Urachplatz und dann weiter abwärts bis zum Josefsheim (Hausmannstraße 160). Erneut stehen wir hier vor der beeindruckenden Fassade eines »Kärn-Hauses«, einst Fabrikarbeiterheim, heute Kinderzentrum **St. Josef** ⑬.

Jetzt links über die Teckstraße gelangen wir zum Eduard-Pfeiffer-Platz mit dem **Jünglingsbrunnen** ⑭ von Karl Donndorf von 1913 und weiter geradeaus über die Rotenbergstraße zur Ostendstraße. Hier halten wir uns links und fahren hinauf bis zur Ampel an der Hackstraße. Wer möchte, kann einen kurzen Abstecher über den Bergfriedhof unternehmen (Jugendstildekorationen mit Mohnblüten an der Leichenhalle), ansonsten ist geradeaus der nächste Hingucker die Fassadenmalerei **Ostendstraße 18** ⑮, bevor wir durch den Park der Villa Berg und vorbei am Mineralbad Berg den Unteren Schlossgarten erreichen. Entlang den Gleisen der Stadtbahn führt der Radweg am Leuze vorbei über die Neckarbrücke nach Bad Cannstatt.

Jetzt folgt jugendstilmäßig eine kleine Durststrecke: Vor der Bahnunterführung der König-Karl-Straße nehmen wir rechts die Kleemannstraße und umrunden den Cannstatter Bahnhof von der Rückseite,

Lebensbaum: Von der Wurzel bis zur Frucht

Jünglingsbrunnen am Eduard-Pfeiffer-Platz

weiter über die Elwertstraße kreuzen wir dann doch die Bahntrasse und biegen anschließend rechts in die Deckerstraße ein. Diese führt leicht bergauf und bei der nächsten Möglichkeit halb links in die Reichenhaller Straße. Bei der Martin-Luther-Straße halten wir uns links und an der nächsten Kreuzung folgt die Kissinger Straße rechts. Diese fahren wir nun bis zum Ende hinauf. Im oberen Teil, ab dem **Haus Nr. 66** ⑯, werden wir wieder mit einigen schönen Jugendstilfunden belohnt. Besonders beindruckt das Eckgebäude zur Dennerstraße Nr. 100

von Stadlinger & Wörner, die hier in Bad Cannstatt für weitere Jugendstilbauten verantwortlich zeichnen: Obere Waiblinger Straße 110, Melanchthonstraße 15.

Die weitere Strecke folgt nun der Dennerstraße nach links – unter dem Augsburger Platz hindurch – bis zur Kreuzung Wiesbadener Straße, die wir nun ebenfalls nach links ganz hinunterfahren bis zum Daimlerplatz. Hier finden sich noch einige schöne Gebäude, die das ehemals mondäne Flair der Kurstadt noch recht gut erahnen lassen. Insbesondere linksseitig, ab **Wiesbadener Straße 14** ⑰.

Stuttgarter Kunstgewerbeschule

Die Württembergische Kunstgewerbeschule wurde 1867 gegründet mit der Maßgabe, durch gezielte Ausbildung die einheimische Industrie zu stärken und die Konkurrenzfähigkeit ihrer Produkte zu befördern. Ab 1902 konnte Bernhard Pankok an diese Kunstgewerbeschule verpflichtet werden, deren langjähriger Leiter er wurde (1913–1937). Er war maßgeblich daran beteiligt, dass die württembergische Kunstgewerbeschule eine der führenden in ganz Deutschland wurde.

Pankok war auch Mitglied des Deutschen Werkbundes (gegr. 1907), förderte die Kunstgewerbebewegung und gestaltete den Umzug der Kunstgewerbeschule in die neuen Räume auf dem Killesberg (jetzt: Staatliche Akademie der Bildenden Künste). Er hat selbst Jugendstilkunstwerke geschaffen im Bereich Architektur,

Malerei, Grafik sowie Möbeldesign und Innenraumgestaltung – einige Objekte sind im Landesmuseum Württemberg ausgestellt – und stand damit in Opposition zu den Vertretern der Stuttgarter Schule an der Technischen Hochschule, wie z. B. Theodor Fischer, Ludwig Eisenlohr, Paul Schmitthenner oder Paul Bonatz, die kaum Bezug zum Jugendstil hatten.

Während der Zeit des Nationalsozialismus wurden alle Kunstgewerbeschulen in Deutschland gleichgeschaltet. Bernhard Pankok, der dies nicht mittragen wollte, ging vorzeitig in Ruhestand und sein Nachfolger sollte die Einrichtung im Geist des NS-Regimes weiterführen. Im Dezember 1941 wurde die Kunstgewerbeschule mit der Akademie der Bildenden Künste zusammengelegt.

www.abk-stuttgart.de

Mineralwasser ist Gesundheit

Über die König-Karl-Straße nach rechts gelangen wir nach wenigen hundert Metern zum frisch renovierten Kursaal Bad Cannstatt. Das Ensemble besteht aus zwei Gebäudeteilen: dem Großen und dem **Kleinen Kursaal** ⑱. Letzterer wurde 1907/1908 von Albert Eitel geplant und mit dezenten Jugendstil-Dekorationen versehen. Eine Erholungspause im Biergarten oder ein Erfrischungsbad im Mineralbad Cannstatt ist an dieser Stelle sicher eine gute Gelegenheit, das Gesehene nochmals Revue passieren zu lassen und sich zu wundern, an welchen großen und kleinen Kostbarkeiten man sonst womöglich achtlos vorbeigefahren wäre.

 Jugendstilfassaden im Bereich Hölderlinplatz, Bismarckplatz, Schickhardtstraße, Liststraße mit Markuskirche, Alexanderstraße, Bohnenviertel, Eugensplatz, Ostheim, Bad Cannstatt

 Tourstart: Stadtbahn Hölderlinplatz
Tourende: Stadtbahn Kursaal

11 Gebaute Visionen

Wohnen – zwischen Weissenhofsiedlung und Vogelsang

Wie wohnen? Das ist die zentrale Frage, die man sich angesichts des Stuttgarter Immobilienmarktes jederzeit stellen kann. Spektakulär beantwortet hat dies 1927 die legendäre Bauausstellung am Killesberg. Dass es aber fast zeitgleich auch ganz andere Antworten gab, zeigt diese Route.

🕐	2 Std.
➡️	10 km
🏔️	130 m

Tipp zur Tour: Weissenhofsiedlung. Alle, die jetzt neugierig geworden sind, sollten einen Museumsbesuch im Le Corbusier-Haus unbedingt einplanen (www.weissenhofmuseum.de).

Wegbeschaffenheit: Meist eben bzw. leichte Steigungen, vorwiegend auf Nebenstraßen, der Anstieg zum Killesberg kann mit der Stadtbahn überbrückt werden.

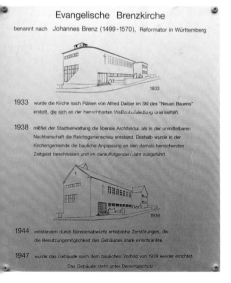

Evangelische Brenzkirche

benannt nach Johannes Brenz (1499-1570), Reformator in Württemberg

1933 wurde die Kirche nach Plänen von Alfred Daiber im Stil des "Neuen Bauens" erstellt, die sich an der benachbarten Weißenhofsiedlung orientierten.

1938 missfiel der Stadtverwaltung die liberale Architektur, als in der unmittelbaren Nachbarschaft die Reichsgartenschau entstand. Deshalb wurde in der Kirchengemeinde die bauliche Anpassung an den damals herrschenden Zeitgeist beschlossen und im darauffolgenden Jahr ausgeführt.

1944 entstanden durch Bombenabwürfe erhebliche Zerstörungen, die die Benutzungsmöglichkeit des Gebäudes stark einschränkte.

1947 wurde das Gebäude nach dem baulichen Vorbild von 1939 wieder errichtet.

Das Gebäude steht unter Denkmalschutz

Wer die Haltestelle Killesberg verlässt, wird von neuesten Wohnbauprojekten empfangen, die bis jetzt allerdings noch keine Begeisterungsstürme entfacht haben und die auch nicht das Ziel dieses Ausflugs sind. Wir fahren die Straße »Am Kochenhof« ein kurzes Stück auf dem Radweg abwärts und treffen an der Kreuzung Landenbergerstraße auf die **Brenzkirche** ①. Sie ist das Ergebnis eines Architektenwettbewerbs von 1930, damals auf der Höhe der Zeit im Stil des Neuen Bauens von Alfred Daiber geplant mit Flachdach, Fensterbändern und strahlend weißem Verputz. Was bei der Fertigstellung 1933 aber bereits den Kampfbund für Deutsche Kultur, OG Stuttgart zu folgender Äußerung veranlasste: »Daß ein evangelischer Gesamtkirchengemeinderat und ein Architekt in unserer Zeit der religiösen und kulturellen Gefahr für unser Volk ein solches Bauwerk der Öffentlichkeit übergeben können, erfüllt jeden um Kultur besorgten Deutschen mit Trauer.«

Im Sinne dieser Geisteshaltung wurde die Kirche bereits 1939 dem nun opportunen völkischen Geschmack angepasst: Satteldach, Sprossenfenster, gerade Ecken. Dieser Bauzustand hat sich bis heute gehalten und steht auch so unter Denkmalschutz. Ein Rückbau ist des-

halb ausgeschlossen, aber die Kirchengemeinde hat eine Hinweistafel angebracht, die die beiden Entwürfe gegeneinander stellt und auf einen Blick wesentliche Konfliktlinien der Baugeschichte im 20. Jahrhundert (nicht nur) in Stuttgart aufzeigt. Die Brenzkirche bietet damit einen symptomatischen Auftakt für diese Tour.

Wir fahren jetzt die Landenbergerstraße aufwärts und erreichen bei der zweiten Querstraße links den **Viergiebelweg** ⑫, dem wir bis zur Birkenwaldstraße folgen.

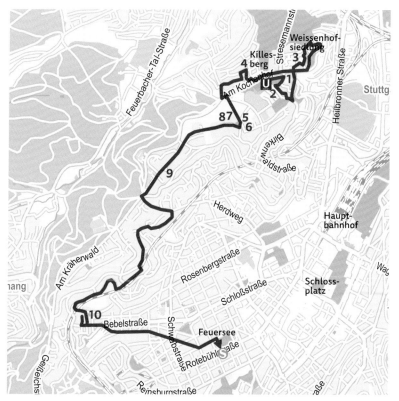

Viergiebelweg
– Vorläufer der
Weissenhofsiedlung

Das ursprünglich »Siedlung Weissenhof« genannte Baugebiet mit 5 Doppel- und 16 Einzelhäusern war eines der ersten Bauprojekte nach der Zäsur des Ersten Weltkriegs. Der Wohnungsnot zu begegnen war trotz finanzieller Engpässe ein wichtiges Ziel der Weimarer Republik. Die Siedlungshäuser des Viergiebelwegs zeigen in ihrer ausgeprägten Schmucklosigkeit bereits deutlich den Übergang zum Neuen Bauen. Die Leitlinien bei der Planung des Architekten Richard Döcker waren »Licht, Luft und Sonne«, Reduktion auf das Wesentliche und ein experimentelles Farbkonzept (warme Farben wie rot und gelb für die Südseite sowie kalte Farbtöne in blau und hellgrau für die Nordseite).

Die Siedlung hat die Zeiten leider nicht unbeschädigt überstanden, vieles wurde verändert. Inzwischen sind einige Häuser saniert worden, aber nur an dem Gebäude Birkenwaldstraße 191 kann man beispielhaft die originalgetreue farbliche Wiederherstellung der Außenfassaden bewundern.

Für Richard Döcker war dieses Bauprojekt der Auftakt zu seinen Musterhäusern (leider im Zweiten Weltkrieg vollständig zerstört) für die berühmte Ausstellung des Deutschen Werkbundes von 1927 – die heutige **Weissenhofsiedlung (3)**.

Diese erreichen wir nun über die Birkenwaldstraße Richtung Killesberg und nach der Ampel geradeaus in die Straße Am Weißenhof. Das markante Gebäude an der Ecke zum Pankokweg ist der langgestreckte Miethausblock von **Ludwig Mies van der Rohe (A)**, Am Weißenhof 14–20. Er umfasst 24 Wohnungen mit variablen Grundrissen, die während der Ausstellungszeit von fast 30 Architekten und Innenarchitekten nach modernsten Gesichtspunkten ausgestattet waren. Mit den nun folgenden Bauten von **J. P. Oud (B)**, im Pankokweg 1–9 und dem Einfamilienhaus von **Le Corbusier (C)** im Bruckmannweg 2 beginnt die Runde durch die Weissenhof-Siedlung. Wir fahren den Bruckmannweg wieder zurück bis zur Straße Am Weißenhof, bei den Hausnummern 24–28 treffen wir auf die

Reihenhäuser von **Mart Stam (D)**, gefolgt von Gebäuden des Architekten **Peter Behrens (E)** Am Weißenhof 30–32 und Hölzelweg 5. An der unteren Ecke Hölzelweg 1 befindet sich das Eckhaus von **Hans Scharoun (F)**. In der nun folgenden Rathenaustraße erkennen wir bei Hausnummer 13–15 die Doppelhäuser von **Josef Frank (G)**. Im weiteren Verlauf der Rathenaustraße auf der rechten Seite (Hausnummer 1–3) steht dann das berühmte Doppelhaus von Le Corbusier, heute **Weissenhofmuseum (H)**. Eine Haushälfte beinhaltet jetzt das Dokumentationszentrum über die Zielsetzung und die wechselvolle Geschichte der Ausstel-

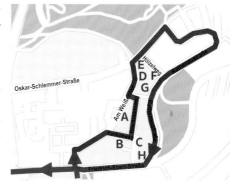

lungsbauten, die andere Haushälfte zeigt weitgehend wieder den ursprünglichen Bauzustand und macht die Ideen des berühmten Architekten direkt erlebbar.

Doppelhaus von Le Corbusier – heute Weissenhofmuseum

Weissenhofsiedlung

Eigentlich ist es fast schon ein Wunder, dass es die Weissenhofsiedlung überhaupt noch gibt. Zwar ist heute nur noch gut die Hälfte der ursprünglichen Häuser vorhanden, aber angesichts der lautstarken Kritik konservativer Kreise an der Werkbund-Ausstellung »Die Wohnung«, an der Modernität der Musterhäuser und der Arbeit der beteiligten Architekten vor und während der Ausstellung und dann verstärkt im Dritten Reich bis weit in die 50er-Jahre, ist es ein großer Erfolg, dass dieses Erbe der klassischen Moderne heute unbestritten ist.

Wenige Jahre nach ihrer Errichtung sollten alle Bauten Ende der 30er-Jahre bereits wieder abgerissen werden. Nur der Ausbruch des Zweiten Weltkriegs und sein unplanmäßiges Ende haben die NS-Pläne ausgebremst. Bei der Bombardierung Stuttgarts blieb aber auch die Weissenhofsiedlung nicht verschont. Weitere Häuser wurden in der Folgezeit ohne Not abgerissen oder bis zur Unkenntlichkeit verändert. Auch der Denkmalschutz hat diesem Architekturdenkmal im Besitz der Bundesrepublik Deutschland lange Zeit nichts genützt. Erst 1987 zum 60-jährigen Jubiläum konnte eine vorläufige Sicherung und Sanierung der noch vorhandenen Bauten abgeschlossen werden. Ein Bewusstsein, welchen Schatz man hier im Baubestand hat, ist erst sehr allmählich gewachsen, die ideologischen Gräben waren tief. Nicht zuletzt durch das Ende des Kalten Krieges konnten Vergleiche mit anderen Mustersiedlungen des Neuen Bauens z. B. in Weimar, Berlin oder Breslau deutlich machen, welchen herausragenden Stellenwert die Werkbund-Siedlung in Stuttgart innehat.

Kochenhofsiedlung

Von Anfang an haben die 25 Musterhäuser der Kochenhofsiedlung nicht die gleiche Aufmerksamkeit erfahren wie die Weissenhofsiedlung. Zum einen hatten die beteiligten Architekten nicht das internationale Renommee, noch war die verwendete traditionelle Holzbau-Technik dazu angetan, neue Standards zu setzen. Die Schäden durch Krieg und Nachkriegszeit waren bei beiden Bauprojekten vergleichbar, allerdings wurde die Kochenhofsiedlung als Ganzes nie unter Denkmalschutz gestellt, so dass die wenigsten Häuser denkmalgerecht saniert wurden. Vom heutigen Standpunkt aus betrachtet, fällt die Bewertung dieser schlichten, kleinteiligen Holzhäuser mit den obligatorischen Satteldächern nicht unbedingt negativ aus, aber ein gleichwertiger Kontrapunkt zur Weissenhofsiedlung, der nach dem Willen der Macher neue Maßstäbe hätte setzen sollen, ist hier nie gelungen. Der Spitzname »Holzwurmsiedlung« spricht hier für sich. Dass beide Bauprojekte nur wenige hundert Meter voneinander entfernt liegen, macht den Vergleich einfach.

Die Holzbauweise macht aus der Kochenhofsiedlung die »Holzwurmsiedlung«

Für viele Zeitgenossen, darunter auch viele Architekten der sog. Stuttgarter Schule, war die Weissenhofsiedlung eine Provokation, die nicht unbeantwortet bleiben konnte. Deshalb wurde nicht weit entfernt ein Gegenentwurf realisiert, die **Kochenhofsiedlung** ④.

Dazu fährt man jetzt nach rechts in die Friedrich-Ebert-Straße und weiter die Straße Am Kochenhof aufwärts, bis man am Ende des Neubauviertels über einen Rad- und Fußweg zunächst rechts und gleich wieder links in den Kalckreuthweg gelangt. Diesen fahren wir abwärts zur Otto-Reiniger-Straße, dort links und gleich wieder links den Carlos-Grethe-Weg aufwärts zur Hermann-Pleuer-Straße. Damit ist das Gebiet der Stuttgarter Bauausstellung »Deutsches Holz für Hausbau und Wohnung« umrissen.

Ursprünglich bereits 1927 geplant, wurde sie 1933 unter veränderten politischen Vorzeichen vor allem von Paul Schmitthenner unter Mitarbeit von Paul Bonatz und Heinz Wetzel realisiert. Favorisiert wurde dabei die traditionelle Bauweise, für die der Baustoff Holz sehr geeignet schien. Zudem hatten alle drei mit experimentellem Wohnungsbau nichts am Hut, sie orientierten sich konsequent am Einfamilienhaus für bürgerliche Kreise.

Gebaute Paradebeispiele dieser Architekturvorstellungen finden sich in der Folge noch einige. Dazu radeln wir zum Ende der Hermann-Pleuer-Straße und dort nach links in den Feuerbacher Weg. Nach der Überquerung der Kräherwaldstraße folgen wir diesem aufwärts bis zur Straße Am Tazzelwurm. Hier befindet sich linker Hand die **Villa Ferdinand**

Porsche ⑤ im Feuerbacher Weg 48–50, 1923 erbaut von Paul Bonatz und Fritz Scholer. Paul Schmitthenner hat zwei Jahre später etwas unterhalb auf dem Eckgrundstück, Feuerbacher Weg 51, die Villa des Lederfabrikanten **Wilhelm Roser** ⑦ geplant nach dem Vorbild von Goethes Gartenhaus in Weimar. Daneben, Am Bismarckturm 57, befinden sich das Wohnhaus von **Hans Roser** ⑧, 1924 nach Plänen von Paul Bonatz und Friedrich Eugen Scholer errichtet. Eine Villa der etwas bescheideneren Art findet sich im Feuerbacher Weg 46: das **Theodor-Heuss-Haus** ⑥, in dem Theodor Heuss nach dem Ende seiner zweiten Amtszeit gewohnt hat. Heute befinden sich hier der Sitz der Theodor-Heuss-Stiftung sowie die Erinnerungsstätte mit Ausstellungsräumen (www.theodor-heuss-haus. de). Ein Besuch ist durchaus lohnenswert, wenn man die nötige Zeit eingeplant hat.

Die Radtour folgt nun der Straße Am Bismarckturm mit weiteren Wohnbauten der Architekten Schmitthenner, Bonatz und Scholer, vorbei am Bismarckturm bis zur Feuerbacher Heide. Hier sind erst einmal gute Bremsen gefragt bei streckenweise 15 Prozent Gefälle, danach geht es gemäßigter weiter bis zur Doggenburg.

Erwähnenswert ist auf diesem Weg die Villa **Max Levi** ⑨, Feuerbacher Heide 38–42, die 1921–1923 Hugo Schlösser und Johann Weirether für einen der Gründer der Salamander Schuhfabrik in Kornwestheim geplant haben. Johann Weirether hat in Stuttgart für höchste Kreise gebaut, so unter anderem die Villa Reitzenstein für die Verlagserbin Helene von Reitzenstein, geb. Hallberger. Heute ist die Villa Reitzenstein Sitz des Staatsministeriums, während die ehemalige Villa Levi leider ein typisches Stuttgarter Villenschicksal erlitten hat. Im Besitz der Stadt Stuttgart wurde sie eine Zeitlang als Hochschulgebäude genutzt, dann stand sie lange leer, später gab es mehrere Anläufe das

Deutsches Villenideal: Villa Roser von Paul Schmitthenner

Jetzt zusammen in die Pedale treten!

Radfahren mit der AOK.

Radfahren ist gesund und macht Spaß! Die AOK Baden-Württemberg bietet viele Aktionen rund ums Fahrrad an.

Sich regelmäßig zum Radfahren treffen und gerne gemeinsam mit anderen Menschen unterwegs sein. Der AOK-RadTreff macht's möglich.

RADEL-THON Radeln und Gutes tun ist das Motto des Radel-Thons, der 83 km langen Strecke, die einmal um die Landeshauptstadt führt. Die Erlöse aus dem Kartenverkauf und dem Radel-Thon-Tag kommen jährlich sozialen Projekten zugute.

Mehr Informationen erhalten Sie bei Ihrer AOK Stuttgart-Böblingen. AOK-DirektService 07037 2610030 oder www.aok-bw.de/sbb

AOK Baden-Württemberg

repräsentative Anwesen zu verkaufen. Wobei man wahrscheinlich froh sein sollte, dass sie wenigstens nicht abgerissen wurde wie viele andere Villen, mit denen man nichts anzufangen wusste.

Bei der Doggenburg halten wir uns links und folgen dem Herdweg bis zur Hauptmannsreute, in die wir nach rechts einbiegen. Sie führt uns immer oberhalb der Gäubahntrasse bis zur Köllestraße, dort biegen wir wiederum rechts ab bis uns nach links die Markelstraße die Gelegenheit gibt, die Bahnlinie zu queren. Somit gelangen wir zum letzten Siedlungsprojekt dieser Radtour, der **Vogelsang-Siedlung** ⑩. Im Rahmen des Arbeitsbeschaffungsprogramms der Stadt Stuttgart wurde 1934 eine weitere Bauausstellung geplant. Sie sollte richtungsweisend sein

für die neue Stuttgarter Ortsbausatzung und Konzepte zur Hangbebauung liefern. Es ist eines der wenigen Siedlungsbauprojekte der NS-Zeit in Stuttgart. Beteiligt waren auch hier Paul Bonatz und Paul Schmitthenner, dieses Mal als künstlerische Leiter. Der ausgeschriebene Wettbewerb brachte 156 Entwürfe, von denen 21 ausgewählt wurden. Gebaut wurden aber nur wenige dieser Entwürfe, charakteristisch für die Siedlung sind die sog. Kettenhäuser. Sie lassen trotz einheitlichen Erscheinungsbildes verschiedene Raumgrößen zu – vom mittelgroßen Einfamilienhaus bis zur 2-Zimmer-Mietwohnung. Und in den Zwischenräumen ist Platz für Terrassen oder Abstellräume. Garagen gibt es so gut wie keine, Infrastruktur für die tägliche Nahversorgung

Stuttgarter Schule

Die Vertreter der Stuttgarter Schule kamen vorwiegend von der TH Stuttgart und standen für einen traditionalistischen, an handwerklichen Fertigkeiten ausgerichteten, meist auf das Einfamilienhaus bezogenen Baustil. Paul Schmitthenner, Paul Bonatz, Heinz Wetzel und Wilhelm Tietje sind hier in erster Linie zu nennen. Als Gegner des Bauhauses war ihnen die Weissenhofsiedlung ein Dorn im Auge, weshalb sie das Gegenmodell Kochenhofsiedlung auf den Plan riefen. Mit den Umbrüchen der NS-Zeit haben sich viele Architekten der Stuttgarter Schule recht gut arrangiert und diese Zeit im Gegensatz zu den Vertretern des Neuen Bauens weitgehend ohne berufliche Einschränkungen überstanden. Durch ihre eher kleinteiligen Planungen kamen sie aber für die »große NS-Architektur« dann doch nicht in Frage.

Paul Bonatz: Satteldach und Sprossenfenster

war nicht vorgesehen. Die zunächst geplante Bauausstellung wurde schnell wieder abgesagt, die Realisierung der Häuser dauerte mehrere Jahre und das Ergebnis überzeugte nicht einmal die politisch Verantwortlichen, so dass diese Siedlung keine weiteren Nachfolger mehr fand. Kriegsschäden und bauliche Veränderungen in der Nachkriegszeit haben auch hier ihre Spuren hinterlassen. Insbesondere aber im Bereich der Chamissostraße kann man die Kettenhausbebauung noch sehr gut erkennen.

Über die Bebelstraße gelangen wir anschließend zur Herderstraße, queren diese vor der Haltestelle Vogelsang und radeln die Vogelsangstraße bis hinunter zum Ende. Dort geht es links in die Gutenbergstraße und bei der dritten Querstraße nach rechts zum Feuersee, wo sich der barrierefreie Zugang zur S-Bahnhaltestelle befindet.

 Brenzkirche, Viergiebelweg (früher »Siedlung Weissenhof«), Weissenhofsiedlung mit Museum, Kochenhofsiedlung, Vogelsang-Siedlung

 Tourstart: Stadtbahn Killesberg
Tourende: Stadtbahn Feuersee

12 Auf Schillers Spuren

Friedrich Schiller zwischen Solitude, Karlsakademie und Bopser

In Stuttgart begann Schiller seine Laufbahn als Dichter. Diese wurde ganz massiv durch den Herzog Carl Eugen geprägt. Während Goethe relativ schnell Förderer fand, musste sich Schiller allerdings sein Überleben als Dichter hart erkämpfen. Zu Orten, an denen Schiller lebte, und zu Orten der späteren Schillerverehrung nach seinem Tode führt diese Tour.

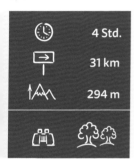

🕐	4 Std.
➡️	31 km
⛰️	294 m

Tipp zur Tour: Schloss Solitude. Das Schloss kann während der Öffnungszeiten im Rahmen einer Führung besichtigt werden (▶ Tour 3 ⑪). (www.schloss-solitude.de)

Wegbeschaffenheit: Feld- und Waldwege, meist auf Nebenstraßen, Strecke von abwärts bis eben. Längere Steigung aus Stuttgart-West kann ggf. mit der S-Bahn überbrückt werden.

Der Startpunkt unserer Schillertour liegt bei der Stadtbahnhaltestelle Waldau. Der Weg führt vom Fernsehturm weg bis zum Königssträßle, in das wir nach rechts abbiegen. Nach Überqueren der Jahnstraße nehmen wir den zweiten großen Waldweg, den Westlichen Wernhaldenweg, nach rechts. Diesen fahren wir abwärts und überqueren die sternförmige Kreuzung beim Grillplatz, bevor wir nun dem Mittleren Wernhaldenweg folgen, bis hinter der nächsten Kreuzung rechts eine kleine Hütte steht. Jetzt verlassen wir den Waldweg nach links abwärts und erreichen die einstige **Freilichtbühne im Bopserwald** ①. Hier im Bopserwald, wo Friedrich Schiller seinen Freun-

den aus den »Räubern« vorlas, wurde 1913 eine der schönsten Freilichtbühnen Deutschlands errichtet. Schwerpunktmäßig wurde natürlich Schiller gespielt, ohne Strom, dafür aber in der Natur. 1936 wurde das Theater leider abgerissen. War es die Konkurrenz zur Freilichtbühne auf dem Killesberg, oder passten den Nazis manche tyrannenfeindliche Gedanken Schillers nicht?

Gegenüber der Infotafel steht am Fuße des Hanges eine Bank, wo mit etwas Fantasie noch die aufsteigenden Ränge für einst 2300 Zuschauer zu erkennen sind. Ein Ort, wie geschaffen für »Die Räuber«!

Wir folgen nun dem Weg wieder kurz aufwärts, zurück bis zur nächsten Ga-

Wir fahren die Wernhaldenstraße wieder zurück bis zur Bopserwaldstraße, der wir nach links folgen. In Kurven geht es jetzt abwärts bis zur Hohenheimer Straße. Hier wenden wir uns nach rechts, entweder auf die stark befahrene Straße oder rechts auf den Bürgersteig. Auf jeden Fall geht es gleich an der nächsten Kreuzung nach links in die Etzelstraße, danach über die Alexanderstraße bis zur Cottastraße, in die wir nach rechts einbiegen. Kurz vor der Heusteigstraße befindet sich zu unserer Linken der Eingang des **Fangelsbach-Friedhofs** ③. Gleich beim Eingang, im Feld 4, sind ein Sohn Friedrich Schillers – Oberförster Carl von Schiller – und dessen Sohn, Friedrich von Schiller, beerdigt. Letzterer war der letzte männliche Nach-

Schiller trägt seinen Freunden im Bopserwald die »Räuber« vor

belung, wo wir uns rechts halten. Nach 250 m wieder rechts erreichen wir über den Weg Steiler Bopser die Wernhaldenstraße, in die wir nach links abbiegen. Nach etwa 300 m zweigt nach rechts ein Weg ab, der zur **Schillereiche** ② führt.

Zum 60. Todestag pflanzten die Stuttgarter 1865 »ihrem« Schiller diese Eiche. Hier in der Nähe soll es gewesen sein, wo Schiller den Freunden der Karlsakademie aus seinen Werken vorlas, fern vom absolutistischen Despoten, Herzog Carl Eugen. Besonders im Frühjahr sei dieser Platz empfohlen, wenn die noch nicht allzu üppige Vegetation einen freieren Blick auf die Stadt zulässt.

Schillers Schädel

Am 9. Mai 1805 stirbt Schiller und wird am 11. Mai im Kassengewölbe des Jakobskirchhofes in Weimar beigesetzt. 1825 musste wegen Platzmangels im Gewölbe »aufgeräumt« werden, wobei man am 13. März 1826 dort erfolglos nach Schillers Gebeinen fahndete. In einer »Nacht- und Nebelaktion« ließ der Weimarer Bürgermeister die Gruft durchsuchen, 23 mögliche Schillerschädel waren das Ergebnis. Unter Hinzuziehung von Personen, die Schiller noch kannten, und nach einem Vergleich mit der Totenmaske wurde ein »passender« Schädel herausgesucht.

In einem Festakt wurde der Schädel am 17. September 1826 in der Fürstlichen Bibliothek in Weimar in den Sockel der Schillerbüste des Bildhauers Johann Heinrich Dannecker gelegt. Zeitweise »lieh« sich Goethe Schillers Schädel zur Inspiration (?) aus.

Am 16. Dezember 1826 wurde das, was man für Schillers Überreste hielt, in die Fürstengruft überführt. Nach einem vor wenigen Jahren durchgeführten DNA-Analysenabgleich mit den Schwestern Louise Frank und Christophine Reinwald, der Ehefrau Charlotte, dem Sohn Ernst Friedrich Wilhelm, Carl von Schiller nebst Sohn Friedrich und Frau Mathilde, steht nun fest: Es sind nicht Schillers Gebeine, die bislang zur Schau gestellt wurden!

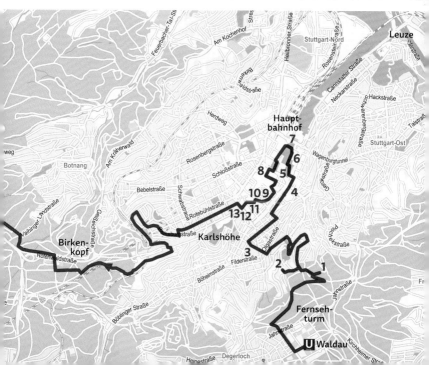

fahre des Dichters. 2008 wurden seine Gebeine exhumiert und eine DNA-Probe entnommen, um die Echtheit des angeblichen Schiller-Schädels nachweisen zu können.

Den Friedhof verlassen wir nach links und gleich wieder nach rechts in die Heusteigstraße. Dieser folgen wir bis zur Wilhelmstraße, Jetzt links und beim Wilhelmsplatz nach rechts über den Gehweg in die Leonhardstraße und weiter zum Charlottenplatz, wo wir vor einem Hochhaus stehen. An dieser Stelle stand einst das **Esslinger Tor** ④. Durch dieses floh Friedrich Schiller vor seinem absolutistischen Herrscher, der ihm das Dichten verbot. Aus heutiger (!) Sicht war die Flucht eine theaterreife Leistung. Während Herzog Carl Eugen auf dem Schloss Solitude für den Großfürsten Paul und seine Gemahlin Sophia von Württemberg einen großen Empfang gab, wollte Freund Streicher Schiller am 22. September 1782 zur gemeinsamen Flucht abholen. Doch was tat Schiller? Er dichtete an einer Erwiderung zu Klopstocks Oden. Endlich, mit zwei nicht funktionsfähigen, verrosteten Pistolen ausgerüstet, war Schiller bereit zur Flucht. Auf dem Fluchtwagen war alles verstaut, einschließlich Streichers Klavier. Am Esslinger Tor gaben die Flüchtigen an, nach Esslingen zu reisen, änderten aber außerhalb der Sichtweite der Wache die Richtung nach Ludwigsburg. Aus dem Militärarzt war damit ein Deserteur geworden.

Hinter dem Hochhaus überqueren wir die Charlottenstraße und biegen nach 200 m nach links über die Bundesstraße

ab. Im Park erreichen wir beim Adlerbrunnen ein Modell der einstigen **Karlsschule** ⑤ an ihrem ehemaligen Standort. Im Krieg stark beschädigt, wurde sie 1959 abgerissen, um Platz für die autogerechte Stadt zu machen. Das Modell zeigt

Reste der Karlsschule, alles andere musste der Straßenerweiterung weichen

die Anlage der Schule, nachdem sie 1775 von der Solitude nach Stuttgart verlegt worden war. Was die Vermittlung von Wissen anging, war sie beispielhaft. Andererseits sorgte diese Kaderschmiede für unbedingten Gehorsam und Loyali-

tät mit Kasernenhoferziehung pur. 5 Uhr aufstehen mit anschließendem Morgenappell. Nach dem Frühstück Unterricht natürlich in Uniform und mit Perücke. 13 Uhr Mittagessen mit anschließendem gruppenweisen Spaziergang unter Auf-

sicht. Danach bis 18 Uhr Unterricht mit anschließender Erholungsstunde. Dann Musterung mit abschließendem Abendessen. Ab 21 Uhr Schlafen. Sonntags beaufsichtigte Spaziergänge. Die Abschirmung von der Außenwelt wurde perfektioniert durch selten erlaubte Besuche von der Familie. Hervorgegangen aus dieser Schule sind besonders viele namhafte Militärs, aber auch Verwaltungsleute, Lehrende und Künstler, wie auch Friedrich Schiller, der von 1773 bis 1780 die Karlsschule besuchte. Geblieben davon sind der Adlerbrunnen aus dem einstigen Hof sowie das Giebel-Relief. Letzteres befindet sich an der Rückseite des Neuen Schlosses unter der Treppe.

Radlerbesuch bei Donndorfs Schiller

Friedrich Schiller

10. November 1759	Johann Christoph Friedrich Schiller wird in Marbach geboren.
1773–1780	Schiller besucht, auf Befehl Herzog Carl Eugens, die Karlsschule (anfangs zum Jura-, später zum Medizinstudium).
1777	Schiller schreibt an den »Räubern«.
13. Januar 1782	»Die Räuber« werden im Mannheimer Hof- und Nationaltheater mit großem Erfolg aufgeführt. Schiller besucht illegal die Aufführung.
1782	14 Tage Haft wegen zweiter unerlaubter Reise nach Mannheim.
	Erhält Schreibverbot von Herzog Carl Eugen.
22. September 1782	Schiller flieht aus Stuttgart.
24. Juli 1783	Schiller reist nach Thüringen.
22. Februar 1790	Heirat mit Charlotte von Lengefeld.
1793/94	Schiller reist nach Schwaben.
9. Mai 1805	Schiller stirbt in Weimar.

Fahren wir weiter zwischen Landtag und Neuem Schloss, so befindet sich auf der rechten Seite vor dem Großen Haus ein **Schillerdenkmal** (6). Dieses Denkmal aus Marmor wurde 1913 vom Bildhauer Adolf von Donndorf entworfen und von Richard Schönefeld ausgeführt. Es zeigt Schiller mit den Attributen des Dichters: der Schriftenrolle und der Lyra.

Folgen wir dem Weg weiter durch den Schlossgarten, so stoßen wir auf die **Schillerstraße** (7). 1857 wurde ein Fußweg zur Straße ausgebaut, die seitdem den Schlossgarten teilt. Zum 100. Geburtstag Schillers 1859 gab es Diskussionen, ob die inzwischen durch eine Eisenbahnbrücke verschandelte Straße würdig genug sei, den Namen Schiller zu tragen. Alternativ wurde eine Umbenennung der Silberburgstraße vorgeschlagen. Dies scheiterte jedoch am Widerstand der Schillerstraßenbewohner. 1922 wurde besagte Brücke beim Bau des neuen Bahnhofs abgerissen.

Vor der Schillerstraße, noch im Park, biegen wir zweimal links ab und fahren auf der gegenüberliegenden Parkseite Richtung Schlossplatz, überqueren diesen und erreichen rechts am Alten Schloss vorbei den **Schillerplatz** (8). Schillers Tod am 9. Mai 1805 in Weimar war der Beginn einer immer größer werdenden Schillerverehrung, die auch Stuttgart ergriff. 1825 veranstaltet der Stuttgarter Liederkranz im einstigen Königsbad, Am Neckartor 24, das 1. Schillerfest. Von hier geht auch die Initiative zur Errichtung eines Schillerdenkmals aus, für das 45 000 Gulden gesammelt wurden. 1839

Bertel Thorvaldsens nachdenklicher Schiller

wird das von dem Dänen Bertel Thorvaldsen geschaffene Denkmal von Schillers Enkel in einem großen Festakt mit 30 000 (!) Teilnehmern enthüllt. Stuttgart hatte zu dieser Zeit ca. 40 000 Einwohner. Es war das erste Schillerdenkmal von vielen in Deutschland. Hans Christian Andersens Märchen »Die alte Kirchenglocke« beschreibt die Entstehung des Denkmals. Den Nazis ist zu verdanken, dass der Alte Schlossplatz in Schillerplatz umbenannt wurde, aber auch, dass die Statue von 1940 bis 1945 zum Schutz in den Wagenburgtunnel verbracht werden musste.

Hinter dem Schillerplatz biegen wir nach links in die Dorotheenstraße ab, hinter der Markthalle nach rechts durch die Münzstraße zum Marktplatz. Vor diesem nach links und gleich wieder nach rechts

in die Eberhardstraße. Bei der Dornstraße machen wir einen kleinen Abstecher nach links bis zur Bundesstraße. Im 18. Jahrhundert hieß die Dornstraße »Ochsenwirthsgäßle«. Dieser alte Name beschreibt unser nächstes Ziel, das Gasthaus Zum Goldenen **Ochsen** ⑨. 1944 im Bombenhagel zerstört, steht heute an der Stelle ein Behördenzentrum. Etwa dort, wo sich heute das Polizeirevier befindet, traf sich Schiller mit seinen Freunden zum Kegeln oder Kartenspiel bei einem oder mehreren Schoppen Wein. Und wenn es zu viel wurde, ließ er auch anschreiben.

Wieder zurück auf der Eberhardstraße fahren wir weiter Richtung Tagblatt-Turm. Rechts vom Turm verbirgt sich eine Schillerstätte, die man erst auf den zweiten Blick entdeckt, das Haus **Eberhardstraße 63** ⑩. Zwischen Dönerwerbung

Schiller an Döner

befindet sich an der Haustür ein scherenschnittartiger Schillerkopf.

In dem hier einst befindlichen Haus wohnte Friedrich Schiller nach seiner Zeit an der Karlsakademie bis zu seiner Flucht (1780–1782) bei der Hauptmannswitwe Luise Fischer. Ein Tisch, zwei Stühle, ein Bett, eingerahmt von einem Stapel Bücher, einem Haufen Kartoffeln sowie Weinflaschen und Geschirr, das war es. Besonders glücklich war Schiller über seine Behausung nicht. Wenn er aus dem Ochsen heimkam und die Tür mal wieder klemmte, wurde selbige kurzerhand eingetreten. Seine Vermieterin bedachte Schiller ohne deren Wissen mit seinen »Laura Oden«, obwohl sie absolut nicht sein Typ war. Später brannte diese Schwäbin dann mit einem anderen Karlsschüler, Herrn von Braun aus Wien, durch, für die damalige Zeit ein starkes Stück. Allerdings wurde sie bei Tuttlingen erwischt und ihrem Schwager, einem Pfarrer, übergeben.

2009 kam hinter der Tür im Treppenhaus des türkischen Schnellrestaurants durch Zufall eine Schillertafel (1,5 m × 1 m) wieder zum Vorschein. Es wird vermutet, dass diese Tafel am 8. Mai 1839 bei der Einweihung des Schillerdenkmals am Haus angebracht wurde und alle Umbrüche der Geschichte im Treppenhaus überlebte.

Folgen wir dem Verlauf der Eberhardstraße weiter nach rechts, gelangen wir zur Tübinger Straße, wo wir kurz nach links und gleich wieder nach rechts in die Kleine Königstraße einbiegen. Kurz darauf befindet sich zu unserer Linken das

Alte Schauspielhaus. Es wurde 1909 anstelle der einstigen **Legionskaserne** ⑪ errichtet. Jener berüchtigten und verwahrlosten Kaserne halbinvalider Soldaten, in der Schiller seinen Dienst für den württembergischen Herzog verrichten musste (!). Trotz abgeschlossenen Studiums war er auf die Unterstützung seines Vaters angewiesen, wofür beide dem Herzog auch noch ausdrücklich zu danken hatten.

Hinter dem Theater biegen wir nach links in die Marienstraße ab und überqueren die Paulinenstraße. Vor dem Überqueren werfen wir noch einen Blick nach rechts auf das Haus Nr. 38, hier befand sich einst die Blühersche **Glockengießerei** ⑫. Somit kann sich auch Stuttgart unter die Orte einreihen, in denen sich Schiller angeblich Inspirationen zu seinem Gedicht »Das Lied von der Glocke« aus dem Jahre 1799 holte.

Als der Reutlinger Glockengießer Kurtz 1803 die Gießerei übernahm, kam er auch zu einem Spazierstock Schillers, den dieser Blüher als Dank für seine fachlichen Informationen zum Glockenguss überlassen hatte. Hintergründe dazu erfahren wir, wenn wir uns die Augustenstraße weiter aufwärts begeben zum ehemaligen **Hofküchengarten** ⑬. Am Haus in der ersten Hofeinfahrt auf der linken Seite befindet sich eine Gedenktafel, die auf Schillers ersten und einzigen Besuch in Stuttgart 1793/94 nach seiner Flucht hinweist. Er hatte diese Reise gewagt, nachdem er erfahren hatte, dass der zwischenzeitlich schwer erkrankte Herzog Carl Eugen keine Notiz mehr von dem einstigen

Fahnenflüchtigen nehmen würde. Die damalige Hofküchengartenanlage geht auf die Jahre um 1700 zurück. Sie bestand unter anderem aus einem Gartenhaus, zwei Grotten mit Wasserspielen und einem Gartentheater, was Herzogs halt unter einem schwäbischen Hofküchengarten verstanden. Im März 1794 bezieht Schiller nach Fürsprache das Gartenhaus. In dieser Zeit knüpft er alte und neue Kontakte, lässt sich porträtieren, besucht die nahegelegene Glockengießerei und schreibt an dem Drama »Wallenstein«.

Der weitere Weg führt uns die Augustenstraße aufwärts bis zur Seyfferstraße. Nachdem unsere Strecke bislang recht eben war, stehen wir jetzt vor einem Anstieg, raus aus dem Stuttgarter Talkessel. Wer diesen umgehen will, kann sich nach rechts zur S-Bahnhaltestelle Schwabstraße wenden und eine Station bis zur Haltestelle Universität fahren, um von dort über das Bärenschlössle zur Solitude zu fahren (▶ Tour 3). Diejenigen, die die Bergetappe nicht scheuen, biegen erst links in die Seyfferstraße und dann gleich wieder nach rechts in die Reinsburgstraße ab. Am Ende geht es nach links zur Rotenwaldstraße und vor dem Anstieg wieder links in die Osianderstraße bis zur Hasenbergsteige.

Über die Hasenbergsteige zog am 18. November 1775 Herzog Carl Eugen anlässlich der Verlegung der Karlsschule von der Solitude nach Stuttgart feierlich mit seinen Schülern in Stuttgart ein. Wir fahren auf dieser nur kurz nach links abwärts und biegen gleich darauf wieder nach rechts in den Blauen Weg ein. Nach

Beginn des Waldes geht es nach ca. 100 m bei der Gabelung nach rechts weiter aufwärts zur Bürgerallee, in die wir nach links abbiegen.

Vor dem Grillplatz halten wir uns rechts und gleich wieder links bis zum Erdhügel. Von hier folgen wir dem Weg nach rechts durch die Unterführung am Schattenring und weiter nach links bis zum Parkplatz. Hier rechts haltend über die Vaihinger Landstraße geradeaus in den Saufangweg, vorbei am Schwarzwildgehege, bis zur Solitudestraße fahren. Diese überqueren wir, durch den Parkplatz hindurch. Dann fahren wir erst geradeaus, bevor wir am zweiten Abzweig nach rechts einbiegen. An einer Infotafel können wir uns über die Solitude-Gärten und deren Geschichte informieren (Infos zum Schloss selbst ▸ Tour 3 (11)).

Die **Karlsschule** (14) auf der Solitude wurde 1770 von Herzog Carl Eugen gegründet – die **Infotafel** (14a) gibt eine Übersicht über die Bauteile der Anlage. Nach ihrer Verlegung nach Stuttgart 1775 wurde die Schule 1794 nach dem Tode Carl Eugens von dessen Nachfolger aufgelöst. Sie begann als Pflanzschule, im Laufe der Zeit kamen u. a. Militärwesen, Sprachen, Kunst, Medizin, Jura usw. hinzu, 1781 wurde sie vom Kaiser zur Universität erhoben. Die Karlsschule diente als Schule zur Herausbildung einer Führungselite für den württembergischen Staat – in diesem Bereich war sie beispielhaft. Mit allen Mitteln erzwang Herzog Carl Eugen einen unbedingten Gehorsam der Schüler gegenüber ihrem absolutistischen »Landesvater«.

Vom Schloss aus gesehen hinter dem Grävenitz-Museum befanden sich die

Frühe Gerlinger Schillerverehrung

einstigen Akademiegebäude. Ein weiteres war an dieser Stelle geplant, was allerdings, durch den Umzug nach Stuttgart, nicht mehr zum Tragen kam. Schillers Vater wohnte lange Zeit auf der Solitude und starb am 7. September 1796 im Kavaliershaus Nr. 16.

Fahren wir weiter nach links in Richtung Gerlingen, so liegt auf der linken Seite die Klinik Schillerhöhe, wo sich einst die **Forstbaumschule** (15) befand. Sie ist eng verbunden mit dem Wirken von Johann Caspar Schiller, Friedrichs Vater. Nachdem sein Sohn mit der Karlsschule nach Stuttgart gezogen war, wurde Caspar Schiller von Ludwigsburg auf die Solitude versetzt. Hier pflanzte er über 4000 Obstbaumsetzlinge. Die Baumschule reichte von der heutigen Klinik über die Sportplätze bis zur Kreuzung.

Überqueren wir nun die Panoramastraße, so erreichen wir die Schillerhöhe, gleich vorne das Restaurant Schillerhöhe und nach rechts über Amsel- und Drosselweg den **Schillerstein** (16).

Der Stadtteil entstand um 1900 im Rahmen der damaligen Schillereuphorie. 1908 stiftete der Verein für die Hebung des Fremdenverkehrs in Gerlingen den Schillerstein mit Marmorrelief. Das zusätzliche Bronzerelief stammt von dem Künstler Graevenitz aus dem Jahre 1953. Es zeigt die berühmte Szene, bei der Schiller seinen Mitschülern im Bopserwald die Räuber vorträgt. 1928 eröffnete das Waldrestaurant **Schillerhöhe** (17), das alsbald auf Vorschlag des späteren Gerlinger Bürgermeisters in »Kurhaus Schillerhöhe« umbenannt wurde. 1937

Denkmal für Schillers Vater

beschloss der Gerlinger Gemeinderat den Stadtteil Schillerhöhe zu nennen, ein beliebtes Ausflugsziel.

Anschließend führt die Fahrt nach links über die Panoramastraße abwärts nach Gerlingen. Weiter in Fahrtrichtung über die Hauptstraße nach rechts in die Kirchstraße. Gleich links steht hier der 1988 geschaffene **Johann-Caspar-Schiller-Brunnen** (18). Dieser erinnert an die Verdienste von Schillers Vater im Bereich der Landwirtschaft, insbesondere im Obstanbau, als Leiter der herzoglichen Hofgärten und der Forstbaumschule Solitude. Mit seiner Obstbaumzucht gilt er als Vater der schwäbischen Streuobstwiesen. Der leere Gewichtskasten auf der linken

Ruhen hier Schillers Vater und Schwester?

Brustseite der Brunnenfigur symbolisiert den Undank des Herzogs, der Schillers wichtige Arbeit nie anerkannte. Schillers Werk »Die Baumzucht im Großen« wird durch das kleine Buch symbolisiert, das auf dem »großen Buch« seines Sohnes liegt. Zusammengehalten wird es symbolisch durch eine Schnalle, die Dorothea Schiller, den guten Geist der Familie, symbolisiert. Verewigt wurden auch die drei Töchter, Schillers Schwestern, Elisabeth Christophine Friederike, Luise Dorothea Katharina und Caroline Christiane (Nanette). Der Stab mit Kugel steht für einen Apfelbaum in diesem von Jürgen Goertz geschaffenen Denkmal.

Weiter über den Kirchweg gelangen wir zur letzten Station auf Schillers Spuren, der **Petruskirche** ⑲ . Hier sind Schillers Schwester Caroline Christiane, genannt Nanette (1777–1796) und sein Vater Johann Caspar (1723–1796) begraben. Eine durch einen Spendenaufruf des »Stuttgarter Neuen Tagblattes« finanzierte Bronzetafel befindet sich am Chor der Kirche. Offenbar liegt es in der Familie Schiller, dass es mit der Zuordnung der Gräber Probleme gibt, so auch bei Caspar Schiller. Eine erste Tafel sollte sein Grab markieren, was sich aber als falsch herausstellte. Der Satz auf der Tafel »Hier ruht Schillers Vater« wurde 1900 schwäbisch-pragmatisch durch das Wörtchen »nicht« ergänzt und eine neue Bronzetafel angebracht. Leider wurde diese erste Tafel 1963 gestohlen.

 Historische Schiller-Orte und Orte der Schiller-Verehrung

 Tourstart: Stadtbahn Waldau
Tourende: Stadtbahn Gerlingen oder S-Bahn Weilimdorf

13 Jüdisches Stuttgart

Im Wechselbad der Geschichte

Auch in Stuttgart sind Höhen und Tiefen jüdischen Lebens in Deutschland belegt. Ersten vereinzelten Ansiedlungen folgte die Vertreibung zu Zeiten der Pest, für die man die Juden verantwortlich machte. Eine Wiederansiedlung wurde unter Graf Eberhard wieder zunichte gemacht. Er verordnete die Vertreibung bzw. Gefangennahme der Juden. Eine weitere Eskalation ergab sich in Stuttgart im Zusammenhang mit dem »Prozess« gegen Oppenheimer, dessen Ermordung von vornherein feststand. Das 19. Jahrhundert war dann geprägt von Versuchen der Gleichberechtigung, aber auch schon von antijüdischen Tendenzen. Diese fanden ihren Höhepunkt im Nationalsozialismus. Vor dem Zweiten Weltkrieg lebten rund 5000 Juden in Stuttgart, 1945 waren es noch 150.

🕐 3 Std.	**Tipp zur Tour:** Israelitischer Teil des Pragfriedhofs. Der Torschlüssel kann bei der Friedhofsverwaltung am Südeingang des Pragfriedhofs, rechts vom Haupteingang an der Friedhofstraße, geholt werden (Montag bis Freitag von 7.30 bis 15.30 Uhr)
→ 30 km	
⛰ 136 m	**Wegbeschaffenheit:** Meist möglichst verkehrsarme Straßen. Radwege und Wege durch den Park.

Unsere Radtour startet am Killesberg. Vom Aufzug der Stadtbahnhaltestelle führt der Weg leicht abwärts in den Park. Vor der Haltestelle der Kleinbahn befindet sich auf der rechten Seite ein **Gedenkstein** ①. Der 1962 aufgestellte Stein erinnert an das Sammellager für die württembergischen Juden in den Gebäuden der ehemaligen Reichsgartenschau von 1939. Von hier aus wurden sie ab November 1941 mit Lastwagen oder zu Fuß in die Nordbahnhofstraße gebracht.

Auch unser weiterer Weg führt jetzt unter der Stresemannstraße hindurch durch das Grüne U in Richtung S-Bahnhof Stuttgart Nord. Die Heilbronner Straße überqueren wir über den Fußgängersteg. Hinter den Bahngleisen nach rechts bis zur Nordbahnhofstraße. Zu einem Abstecher fahren wir am Nordbahnhof nach rechts bis zur Eckartstraße, in die wir wieder nach rechts abbiegen. Bei der Kirche geht es noch einmal nach rechts zur **Gedenkstätte Nordbahnhof** ②. Im Winter

26. April 1942   nach Izbica

13. Juli 1942   nach Auschwitz

22. August 1942   nach Theresienstadt

01. März 1943   nach Auschwitz

17. April 1943   nach Theresienstadt

17. Juni 1943   nach Auschwitz

11. Januar 1944   nach Theresienstadt

12. Februar 1945

Von hier gingen die Transporte in den Tod ab

1941 wurden von hier zunächst 1000 Juden aus Württemberg und Hohenzollern nach Riga transportiert. Auf Anordnung der Geheimen Staatspolizei mussten sie sich einfinden. Vorher mussten sie die Transportkosten selber zahlen und ihr Vermögen dem Finanzamt überschreiben. Die meisten, die den Transport in den Waggons bei bis zu minus 30 Grad Celsius überstanden, wurden in einem Wald bei Riga erschossen. Insgesamt wurden 1941/42 von hier über 2400 Juden deportiert, nur wenige überlebten.

Auf dem Rückweg zur S-Bahnhaltestelle Nordbahnhof kommen wir unmittelbar an der Martinskirche vorbei. Hier erinnert ebenfalls eine lesenswerte Gedenktafel an die Deportation jüdischer Bürger aus Württemberg. Hinter der Kir-

che befindet sich der *nicht* frei zugängliche israelitische Friedhof.

Auf der anderen Seite des Pragfriedhofs, etwa an der Stelle des Südeingangs, befand sich früher der Galgenberg auf der Wolframshalde. Auch wenn heute nichts mehr daran erinnert, ist der Galgenberg erwähnenswert. Prominentestes Opfer war Joseph Süß Oppenheimer, von seinen Feinden verächtlich »Jud Süß« genannt.

Am 4. Februar 1738 wurde er an einem über 10 m hohen Galgen in einem eisernen Käfig erwürgt. 12 000 Zuschauer verfolgten dieses makabre Schauspiel vor den Toren der damals 20 000 Einwohner zählenden Stadt Stuttgart. Selbst eine ehrbare Bestattung wurde ihm verweigert. Seine Leiche wurde sechs Jahre im Käfig zur Schau gestellt.

Joseph Süß Oppenheimer

Als am 31. Oktober 1733 Karl Alexander zum Herzog von Württemberg aufstieg, war Oppenheimer bereits sein Ratgeber, der ihm über seine permanente Geldnot hinweghelfen sollte. Jetzt avancierte er ganz offiziell zum Finanzberater des neuen Herzogs in einem armen, landwirtschaftlich geprägten Territorium. Zünfte und Stände waren in der Hand von nur wenigen Familien. Sie sträubten sich grundsätzlich gegen jegliche Neuerungen im desolaten Steuerwesen, gegen eine effektive Staatsverwaltung und gegen die Schaffung einer Landesbank. Ihre Stunde kam am 12. März 1737, als Herzog Alexander überraschend starb. Noch in der selben Nacht wurde Oppenheimer verhaftet und ins Verlies gesteckt.

Bevor das Gerichtsurteil gesprochen wurde, teilte man sein Vermögen auf, was nichts anderes bedeutet, als dass sein Tod beschlossene Sache war. Die Anklage stand auf solch wackeligen Füßen, dass ein öffentlicher Aufruf erging, Oppenheimer zu denunzieren – erfolglos. Selbst der Versuch, ihm verbotenen »fleischlichen Umgang« mit Christinnen vorzuwerfen, misslang. Die hierfür gesetzlich vorgeschriebene Todesstrafe für den Angeklagten hätte auch für die Damen das Todesurteil bedeutet. Dies hätte offenbar jedoch zu viele führende christliche Stuttgarter Familien betroffen, der Anklagepunkt entfiel. Prozess und Urteil waren so fadenscheinig, dass eine Akteneinsicht lange verhindert wurde und die Akten bis ins Jahr 1918 im Archiv verschwanden.

Sicherlich, Oppenheimer war kein Rächer der Armen, er verstand geschickt seine Geschäfte zu führen, so dass er einen schillernden Lebensstil führen konnte. Im christlich-pietistisch geprägten Württemberg war Oppenheimers Leben ein unannehmbarer Verstoß gegen Standesregeln. Mit dem von Anfang an feststehenden politischen Todesurteil war ein Prügelknabe für all die Ungerechtigkeiten im Lande gefunden. Eine ausufernde Judenhetze war die Begleitmusik dazu und fand viele Fortsetzungen bis zu den Verbrechen des Dritten Reiches.

Unser Weg führt uns wieder zurück zum Nordbahnhof. Unter den Bahngleisen hindurch biegen wir erst rechts ab, um dann nach links in den Park in Richtung Wilhelma zu fahren. Entlang der Wilhelma geht es in Richtung Bad Cannstatt. Vor der Bundesstraße biegen wir nach links ab, vorbei am Haupteingang von Wilhelma und Wilhelmatheater. Über die Rosensteinbrücke überqueren wir den Neckar. Hier links bis zur Wilhelmsbrücke, dann nach rechts in die Marktstraße. Vor der Kirche können wir kurz einen Abstecher nach links in die Brunnenstraße Nr. 7 zur einstigen jüdischen **Religionsschule** ③ machen. Weiter durch die Fußgängerzone Marktstraße bis zur König-Karl-Straße. Wir schieben auf dem

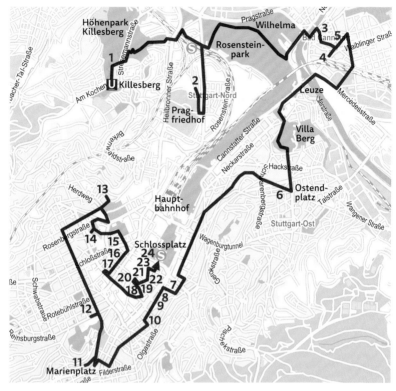

Bürgersteig kurz zu einem Abstecher beim Haus Nr. 66, dem einstigen Wohnort von **Fritz Rosenfelder** ④. Schauen wir auf den Bürgersteig (unter dem Fußgängersteg), so finden wir den für ihn verlegten Stolperstein. Fritz Rosenfelder war aktives und beliebtes Mitglied im TV Cannstatt sowie Funktionär. Durch den Kauf von Skiern unterstützte er finanzschwächere Jugendliche, um diesen den Sport zu ermöglichen. Doch seit 1933 war

Fritz Rosenfelder konnte den Hass nicht mehr ertragen

das Klima zusehends vergiftet. Wenn Rosenfelder kam, setzten sich einige an einen anderen Tisch. Die Deutsche Turnerschaft diskutierte über den Arierparagrafen, also einen Ausschluss der Juden aus den Sportvereinen, somit auch seinen. Am 6. April 1933 beging er im Alter von 32 Jahren Selbstmord. In seinem Abschiedsbrief schrieb er, dass er es als »Deutscher Jude (...) nicht über sich bringen, [konnte] von der Bewegung, von der das nationale Deutschland die Rettung erhofft, als Vaterlandsverräter betrachtet zu werden!« Das berüchtigte Hetzblatt der Nazis, der »Stürmer«, berichtete darüber: »Jude Rosenfelder erfreut alle, er zeigt Vernunft und hängt sich auf.«

Wir schieben an diesem weniger fahrradfreundlichen Ort wieder zurück und wechseln hinter der Wilhelmstraße auf die rechte Straßenseite zur König-Karl-Straße 49, der einstigen **Cannstatter Synagoge** (Ⓢ).

Erste jüdische Spuren in Cannstatt finden wir im Jahr 1471. Aus diesem Jahr ist ein Vermerk belegt, in dem eine jüdische Familie Bonin jährlich 20 Gulden zahlen muss, um in Cannstatt leben zu dürfen. Zu Beginn des 19. Jahrhunderts sind hier nur wenige jüdische Familien ansässig. Im Jahr 1900 wird mit 484 jüdischen Bürgern die höchste Anzahl erreicht, 1922 ist ihre Zahl bereits auf 261 Personen zurückgegangen. 1872 wurde in Canstatt eine jüdische Gemeinde gegründet, die sich u. a. bis nach Backnang und Waiblingen erstreckte.

In einer Liste führender Unternehmen aus dem Jahr 1899 sind 10 von 67 Firmen jüdischen Ursprungs, darunter die Firma S. Lindauer u. Cie., eine weltweit führende Korsettfabrik. Zu weiteren prominenten Cannstatter Juden zählte z. B. Dr. Fritz Elsas (König-Karl-Straße 43), Politiker und Bürgermeister von Berlin. 1933 verlor er alle Ämter und wurde vor Kriegsende als Widerstandskämpfer hingerichtet. Auch die Mutter des Nobelpreisträgers Albert Einstein wurde in Cannstatt, in der Badstraße 20, geboren.

Nachdem man sich zunächst mit einem provisorischen Gotteshaus beholfen hatte, konnte 1876 die Synagoge der Cannstatter Juden feierlich eingeweiht werden. Diese fiel bei den Novemberpogromen 1938 einer gezielten Brandstiftung zum Opfer. Das Pikante an der Geschichte: Die Synagoge war vom Leiter der Brandwache II und zwei weiteren Feuerwehrleuten mit verschüttetem Benzin angezündet worden. Die israelitische Gemeinde musste die Brandruine auf ihre Kosten beseitigen. Heute befindet sich großteils ein Parkplatz an dieser Stelle. Im vorderen Teil wurde 1961 ein Gedenkstein errichtet, 2004 gestalteten Schüler den Ort neu.

Weiter führt die Tour bis zum Daimlerplatz, beim ersten Abzweig biegen wir in die Daimlerstraße ab. Vor den Bahngleisen fahren wir halbrechts in die Elwertstraße. An deren Ende überqueren wir bei der Fußgängerampel die Hauptstraße und fahren vor dem Wasen nach rechts. Bei der König-Karl-Brücke biegen wir nach links ab und halten uns links der Straßenbahngleise bis zum Mineralbad Berg. Hinter diesem halten wir uns zwei-

mal links, um hinter dem Trollingersteg nach rechts abzubiegen. In einem großen Linksbogen fahren wir unterhalb der Villa Berg. Nach der offenen Wiese biegen wir nach rechts ab in Richtung Ostendstraße, der wir bis zum Ostendplatz folgen. Am Kreisverkehr beim Ostendplatz nehmen wir den ersten Abzweig nach rechts in die Landhausstraße. Wir stoßen unmittelbar auf den **Eduard-Pfeiffer-Platz** ⑥ und sehen links den Jünglingsbrunnen von Karl Donndorf aus dem Jahr 1913, rechts einen Gedenkstein zur Errichtung der Siedlung.

Eduard Pfeiffer wurde am 24. November 1835 als Sohn eines Hofbankdirektors geboren. Er war unter den ersten jüdischen Bürgern, die in Stuttgart ein Wohnrecht erhielten. Der vermögende Pfeiffer machte als Bankier Karriere und stieg zu den reichsten Württembergern auf. Sein Vermögen setzte er für zahlreiche soziale Projekte ein. In Zeiten der Wohnungsnot baute er für die unteren Schichten Wohnsiedlungen. Ostheim, wo wir uns befinden, war die erste (ab 1891). 1901 folgten Südheim, 1902 Westheim

und 1911 Ostenau, Insgesamt 1800 Wohnungen. Ziel aller Projekte war die Hilfe zur Selbsthilfe. Weitere Projekte waren die erste nicht kommerzielle Arbeitsvermittlung, Wohnheime, Badeanstalten, Volksbibliotheken, Kinderkrippen, Konsumgenossenschaften. Er war auch Gründer des »Vereins zum Wohle der Arbeitenden Klassen« (1866). Sein gesamtes Vermögen floss in die noch heute bestehende Eduard-Pfeiffer-Stiftung. Von ihm könnten auch Heutige einiges lernen.

Wir folgen weiter dem Verlauf der Landhausstraße bis zum Kernerplatz. Ab hier radeln wir entlang der Urbanstraße bis zur Uhlandstraße, in die wir nach links einbiegen, um gleich wieder nach rechts der Olgastraße zu folgen. Dann wenden wir uns nach rechts in die Brennerstraße, die ehemalige **Judengasse** ⑦. 1350 wird die Judengasse mit ihren dort ansässigen Juden erstmals urkundlich erwähnt. Es gab eine Synagoge und ein rituelles Bad. Wer allerdings meint, dass die Umbenennung der Judengasse im Dritten Reich erfolgte, der täuscht sich gewaltig. Die Anerkennung der Juden, auch in Stuttgart, gleicht einer Achterbahn. Zum Ende des 19. Jahrhunderts steigerte sich die Judenfeindlichkeit wieder erheblich. Eine Streiterei in einem jüdischen Laden über die Ware führte 1873 zu handfesten Krawallen, die erst nach drei Tagen abebbten. Vor diesem Hintergrund fand sich 1894 eine, wenn auch knappe, Mehrheit, die Judengasse in Brennerstraße umzubenennen.

Wir folgen der Brennerstraße bis zur Esslinger Straße, in die wir nach links ein-

Umbenennung: Früher Antisemitismus

130

Die jüdische Kopfbedeckung für Männer (Kippa)

Im Judentum signalisiert die Kopfbedeckung der Männer, die Kippa, die Gottesfürchtigkeit. Heute gilt sie als ein Erkennungszeichen, wurde jedoch ursprünglich ab etwa 500 n. Chr. vornehmlich bei traurigen Anlässen getragen, bevor sie sich ab dem 16. Jahrhundert immer weiter durchsetzte. Je nach religiöser Strömung gibt es unterschiedliche Handhabungen. Die Art der Kopfbedeckung ist in weiten Bereichen variierbar, notfalls reicht auch ein Taschentuch. In Synagogen und auf Friedhöfen sollte diese Regel eingehalten werden.

biegen. Hinter der nächsten Kreuzung befindet sich die **Leonhardskirche** ⑧. In ihr wurde der Humanist Johannes Reuchlin (1455–1522) beigesetzt. Er setzte sich als einer der wenigen christlichen Vertreter dafür ein, Juden nur als Andersgläubige, nicht aber als Ketzer zu betrachten, und versuchte – erfolglos – Herzog Eberhard von seiner Judenfeindlichkeit abzubringen. Reuchlin sprach sich ferner gegen Bestrebungen aus, die Bücher der Juden zu verbrennen, obwohl der Inhalt nicht bekannt war. Aus diesem Grunde erlernte er neben Latein und Griechisch die hebräische Schrift, ein anrüchiges, ja gefährliches Ansinnen zu der damaligen Zeit. Er schuf mit seinen Übersetzungen wichtige Voraussetzungen am Vorabend der Reformation. Damit handelte er sich jedoch den Hass der Kirche, von den Dominikanern bis zum Papst, ein. An Reuchlin erinnern im Chor der Leonhardskirche ein Gedenkstein in Latein, Griechisch und Hebräisch sowie eine Dauerausstellung.

Gleich gegenüber befindet sich das **Gustav-Siegle-Haus** ⑨. Dieses Haus ist verbunden mit Karl Adler (1890–1973), der ein bedeutender (jüdischer) Musiker der 20er-Jahre war, seit 1919 Professor am Neuen Konservatorium für Musik in Stuttgart und ab 1921 dessen Leiter. Von den Nazis entlassen engagierte er sich in der Jüdischen Kunstgemeinschaft in Stuttgart, die vielen Juden in den Jahren der Verfolgung ein kultureller Lichtblick war, umgeben von tiefster Finsternis. Im Siegle-Haus wurden viele Konzerte gegeben.

Wir radeln die Leonhardstraße weiter, über den Wilhelmsplatz in die **Schlosserstraße Nr. 2** ⑩. Hier befand sich ab 1934 bis 1936 die Synagoge der Israelitischen Religionsgesellschaft. Manch einer denkt bei der Stuttgarter Synagoge nur an die Hospitalstraße, doch dies ist falsch. Es existierten immer verschiedene jüdische Strömungen. Die Synagoge in der Schlosserstraße gehörte thoratreuen (orthodoxen) Juden. Gleich neben der Unterführung des Nachbarhauses befand sich im Erdgeschoss einst der Betsaal.

Wir fahren die Schlosserstraße weiter bis zur Christophstraße, in die wir nach links einbiegen, und gleich wieder rechts in die Heusteigstraße. Auf dieser bleiben wir bis zur Kolbstraße, fahren anschließend rechts diese entlang bis zur Tübinger Straße, dann links und gleich rechts die Hohenstaufenstraße kurz aufwärts und zu einem Abstecher links in die Arminstraße, zum Haus Nr. 13. Hier im Untergeschoss und Parterre war einst der 1871 gegründete **Verlag Levy & Müller** ⑪ beheimatet, einer der führenden Jugendbuchverlage in Deutschland. Als eine der ersten reisten seine Vertreter mit Sortimentskoffern durch die Lande, um für ihre Bücher bei den Händlern Werbung zu machen. 1936 wurden die jüdischen Besitzer gezwungen, den Verlag unter Wert an die Christliche (!) Verlagshaus GmbH zu verkaufen. Bei diesem Verkauf wurde offenbar die Notlage weidlich ausgenutzt, um den Kaufpreis immer weiter zu drücken. Nach Verhaftung und Konzentrationslager schafften die Brüder mit großer Mühe gerade noch die Ausreise.

Weiter geht es aufwärts, zunächst die Hohenstaufenstraße und oben in die Silberburgstraße bis zur Reinsburgstraße. Hier ein kurzer Blick nach links zur Reinsburgstraße 26, dem **»Eskinhaus«** ⑫, wo sich die erste Stuttgarter Synagoge nach 1945 befand. Die Synagoge in der Hospitalstraße war 1939 von den Nazis niedergebrannt worden, und so fehlte ein entsprechender Raum für die Juden, die die Konzentrationslager überlebt hatten. In Stuttgart waren es 24 Personen, die nicht deportiert wurden, wenige kehrten aus den Konzentrationslagern zurück nach Stuttgart. Mit Hilfe des amerikanischen Militärrabbiners Herbert S. Eskin wurde in diesem Haus ein Betsaal eingerichtet

und am 2. Juni 1945 fand hier der erste jüdische Gottesdienst nach 1945 statt.

Weiter geht es immer der Silberburgstraße folgend bis zur Lerchenstraße, in die wir nach rechts einbiegen. Nach Überquerung der Hegelstraße folgen wir der Sattlerstraße. Am Ende der Sattlerstraße biegen wir nach links zur Seestraße Nr. 39 ein. Hier findet sich eine Gedenktafel, die an den einstigen **Judenladen** ⑬ erinnert. Am 7. April 1941 wurde der Laden in einer ehemaligen Gaststätte eröffnet. Nur hier durften die Juden aus ganz Stuttgart einkaufen. Erreicht werden konnte der Laden nur zu Fuß, da Juden weder Fahrräder noch Autos besitzen durften. Busse und Bahnen waren ihnen ebenfalls verboten, wo sie auch sofort an dem obligatorischen Judenstern erkannt worden wären. Der Geschäftsinhaber – ein NSDAP-Mitglied – nutzte diese Zwangssituation gründlich aus, um sich zusätzlich zu bereichern. Der Gipfel der Unverfrorenheit war ein Propagandafilm der Nazis, der in diesem Laden gedreht wurde und die gute Versorgungslage der Juden belegen sollte.

Zurück beim Herdweg biegen wir in diesen nach links ab. Bei der nächsten Gelegenheit geht es nach rechts in die Hegelstraße und gleich wieder nach links in die Rosenbergstraße. Hier befindet sich auf der linken Seite der **Hoppenlau-Friedhof** ⑭. Er ist der älteste erhaltene Friedhof Stuttgarts und hat ein jüdisches Gräberfeld, das von 1834 bis 1873 belegt wurde. Davor wurden die jüdischen Friedhöfe in Freudental und Hochberg genutzt, danach der jüdische Friedhof beim Pragfriedhof.

Jüdischer Teil des Hoppenlau-Friedhofs

Traditionen und Regeln für einen jüdischen Friedhof

Von diesen Regeln wurde und wird abgewichen, insbesondere in Zeiten der Anpassung z. B. an christliche Riten.

▶ Im Judentum ist der Friedhof ein »Haus der Ewigkeit«

▶ Die Totenruhe gilt als unantastbar, Gräber dürfen nicht beseitigt werden

▶ Die Erdbestattung ist die Regel, eine Feuerbestattung nicht erlaubt

▶ Gräber sind nach Jerusalem ausgerichtet

▶ Am Sabbat (Samstag) sind die Friedhöfe in der Regel geschlossen

▶ Auf den Grabsteinen gilt das biblische Bilderverbot

▶ Blumen sind unüblich, man legt kleine Steine auf das Grab

▶ Bedeutung von Symbolen:
  – Leuchter (Menora) > Fortleben der Seele
  – Segnende Hände > Priester
  – Kanne > Assistenten des Priesters (Waschung)
  – Tierdarstellungen > Name des Verstorbenen (Löwe, Hirsch, …)
  – Umgeknickter Baum, gebrochene Rose, Säulenstumpf > in jungem Alter Verstorbene
  – Buch > gelehrter, belesener Mensch

Wir verlassen den Friedhof in der Nähe des kleinen Häuschens und fahren in den Stadtpark, anfangs entlang des Max-Kade-Weges, danach biegen wir nach rechts in die Willi-Bleicher-Straße. Das Gebäude rechts vor der Schellingstraße ist die heutige Hochschule für Technik, die frühere **Technische Hochschule** ⑮. Diese Hochschule brachte zwei führende Köpfe des Kriminaltechnischen Instituts beim SS-Reichssicherheitshauptamt in Berlin hervor, Prof. Dr. Walter Heeß und Dr. Albert Widmann. Die Wurzel dieser Dienststelle war die kriminaltechnische Abteilung des Stuttgarter Chemischen Untersuchungsamtes. Aufgabe war die Entwicklung des industriellen Massenmordes.

Wir folgen der Willi-Bleicher-Straße weiter und biegen hinter dem Haus der Wirtschaft nach rechts ab, entlang der Hospitalstraße. Bei der Büchsenstraße schauen wir nach rechts zum Haus Nr. 37, an dieser Stelle befand sich die berüchtigte **»Büchsenschmiere«** ⑯. In der Zeit des Dritten Reiches war hier das Polizeipräsidium und Polizeigefängnis untergebracht. Neben der Inhaftierung von politischen Gegnern wurde von dort die Deportation und Vernichtung von Juden, Sinti und Roma betrieben.

Wir folgen dem Verlauf der Hospitalstraße bis zum Haus Nr. 36, der **Stuttgarter Synagoge** ⑰. Am 3. Mai 1861 wurde an dieser Stelle die Synagoge im maurischen Stil eingeweiht. Wie sehr sich ihre Mitglieder als schwäbische Juden fühlten, zeigen die Einweihungsworte des Rabbiners Dr. Maier: »Ja, dir, geliebtes Stuttgart, unserem Jerusalem, wünschen

Alte Stuttgarter Synagoge

wir Heil!« Doch es sollte anders kommen. Am 10. November 1938, morgens um 3 Uhr, brannte die Stuttgarter Synagoge gleichzeitig mit der Cannstatter. Der NS-Kurier titelte dreist: »Der gerechte Volkszorn übt Vergeltung«. Juden, aus KZs herbeigebracht, mussten die Reste ihrer Synagoge abreißen. Die Gestapo verkaufte gewinnbringend Quadersteine an Remstäler Weinbauern. Einzig die Gesetzestafeln vom Giebel wurden von einem Nichtjuden gerettet. Heute stehen sie im Inneren der neuen Synagoge. Der Zugang befindet sich heute von der dahinterliegenden Firnhaberstraße aus. Er führt zum Betsaal, den Verwaltungsräumen, einer Mikwe, einem Kindergarten und einem Gemeindesaal nebst Restaurant mit koscherem Essen.

Am Ende der Hospitalstraße fahren wir kurz nach rechts, um bei der Ampel die Fritz-Elsas-Straße zu überqueren. Jetzt wieder zurück und über den Rotebühlplatz geradeaus weiter mündet auf der rechten Seite die Tübinger Straße. Links gegenüber befindet sich heute, architektonisch gesehen, ein nichtssagender Kaufhausbau. Dies war nicht immer so, denn hier stand einst das berühmte Kaufhaus **Schocken** ⑱ , ein architektonischer Glanzpunkt der 1920er-Jahre und ein Meilenstein des Neuen Bauens, geplant vom Architekten Erich Mendelsohn. Salman Schocken eröffnete am 4. Oktober 1928 das Kaufhaus. In den 1930er-Jahren schreibt der NS-Kurier dazu der »unschöne, unförmige Koloss des jüdischen Kaufhauses«. Bereits 1933 hielten SA und SS das Kaufhaus »geschlossen« und schikanierten mögliche Kunden, bis hin zum Tränengaseinsatz im Kaufhaus. 1939 wurde es »arisiert«.

Den Krieg überstand das Kaufhaus weitgehend unbeschadet. 1953 übernahm Horten die Schockenanteile und drängte auf Abriss, weil angeblich (!) keine Rolltreppen möglich wären. Trotz internationaler Proteste und trotz Aufnahme in das Landesverzeichnis der Baudenkmäler kommt es 1961 zum Abriss. Fortan »verschönt« bis heute ein Eiermann-Eierschalen-Horten-Einheitsbau des Architekten Egon Eiermann diesen Ort.

Weiter geht es halblinks in die Eberhardstraße. Gleich bei der nächsten Gelegenheit halten wir uns wieder links zwischen den Häusern hindurch zum Hansim-Glück-Brunnen, der im Mittelpunkt der einstigen **Altstadtsanierung** ⑲ steht. Hier treffen wir wieder auf Eduard Pfeiffer, den jüdischen Bankier mit der sozialen Ader (▶ Tour 1 ⑭).

Fast geradeaus geht es weiter zur Steinstraße. Hier erst rechts, dann links in die Nadlerstraße und weiter zur Neuen Brücke. An der Ecke Schmale Straße 11, in dem nicht mehr bestehenden Haus, wohnte die Familie **Kaulla** ⑳ . Karoline Kaulla, auch Madame Kaulla genannt, erreichte eine nicht nur für damalige Verhältnisse erstaunliche Position. Mit 29 Jahren erhielt sie das Patent als Hoffaktorin. 1770 wurde sie Herzoglich-Württembergische Hoffaktorin und trat damit in die Fußstapfen von Joseph Süß Oppenheimer, der 1738 am Galgen endete. 1798 musste der württembergische Herzog den ihr zuvor zugesicherten Hof-

schutz, auf Grund von Protesten Stuttgarter Kaufleute, zurücknehmen. In ihrer Wohnung wurde auch ein Betsaal für die Stuttgarter Juden eingerichtet, als es noch keine Synagoge gab (▸ Tour 9 ①).

Unterhalb dieses Ortes befindet sich auf der gegenüberliegenden Seite ein größerer Platz, der **Joseph-Süß-Oppenheimer-Platz** ㉔. Erst 1998 benannte die Stadt Stuttgart einen Platz in Gedenken an dieses Opfer politischer Justiz. Doch sonderlich mit Ruhm bekleckert hat sie sich damit bis heute nicht. Noch beim Empfang im Rathaus anlässlich der Umbenennung war ein aus weißem Carrara-Marmor gefertigtes Standbild der Berliner Künstlerin Angela Laich »Für Joseph Süß Oppenheimer« eine beliebte Pressefotokulisse. Doch kurz darauf fand sich keine Verwendung mehr dafür. Eine damals zugesagte Aufwertung des gesamten Platzes zwischen Puff und Tiefgarage lässt auch nach über einem Jahrzehnt noch immer auf sich warten.

Am hinteren Ende des Platzes biegen wir nach rechts ab in die Straße Bebenhäuser Hof und fahren vor dem Rathaus gleich wieder links. Hier thront an der Rathausseite eine **Stuttgardia** ㉒. Diese Skulptur ist Ausdruck des um 1900 erstarkten Bürgertums. Die vom Kölner Bildhauer Heinz Fritz gefertigte Figur wurde 1905 mit dem neuen Rathaus eingeweiht und thront seitdem an dessen Außenwand, als Symbol und Schutzpatronin von Stuttgart. So auch in der Zeit von 1933 bis 1945, wo die arische Körperlehre auch in der bildenden Kunst dominierte. Die Ironie der Geschichte ist, dass ausgerechnet die jüdische Stuttgarterin Else Weil für diese Stuttgardia Modell stand. Und somit war und ist eine »jüdische Stuttgardia« Schutzpatronin.

Wir überqueren den Marktplatz an der linken Seite und folgen der Kirchstraße bis zum Aposteltor der Stiftskirche. Hier finden wir einen Schlussstein mit der **Heiligkreuzlegende** ㉓. Links die Kaiserin Helena, das Kreuz präsentierend, rechts zwei Juden, die man an den Judenhüten erkennt, sich vom Kreuz abwendend. Rechts ein Gelehrter, der sich offenbar von den Argumenten der Juden nicht überzeugen lässt. Dies ist eine noch relativ harmlose antijüdische Darstellung. An anderen Werken mittelalterlicher Kunst säugen Juden an den Zitzen einer Sau oder stecken den Kopf in deren Hinterteil. Es steht wohl außer Frage, dass mit solchen Bildern auch antijüdische Ressentiments geschürt wurden.

Stuttgardia – die »jüdische« Schutzpatronin

Mahnmal: Niemals wieder!

Als nächstes biegen wir nach rechts in die Dorotheenstraße ein. Hier im Umfeld der Markthalle befand sich einst die Münze, der Name Münzstraße für die dahinterliegende Straße erinnert daran. Auch Oppenheimer residierte zu Beginn seiner Stuttgarter Zeit in der Dorotheenstraße, wohl die älteste jüdische Ansiedlung in Stuttgart.

Hinter dem Alten Schloss biegen wir über den Platz nach links ab und erreichen das **Mahnmal** ㉔. Es geht auf den linken Stadtrat Eugen Eberle zurück, der sich für ein Mahnmal für die Opfer des Nationalsozialismus in Stuttgart einsetzte. Einige Parteien bzw. die Stadtverwaltung wollten es weit weg vom Zentrum haben, so auf dem Hoppenlau-Friedhof oder auf dem Birkenkopf. Aber 1970 wurde es doch an zentraler Stelle mitten in der Stadt errichtet. Im Mittelpunkt ist eine Bodenplatte mit folgender Inschrift eingelassen:

1933 bis 1945. Verfemt, verstoßen,
gemartert, erschlagen, erhängt, vergast.
Millionen Opfer der national-
sozialistischen Gewaltherrschaft
beschwören Dich:
Niemals wieder!

 Gedenkstätten, Stolpersteine, Jüdischer Friedhof, Orte jüdischer Geschichte

 Tourstart: Stadtbahn Killesberg
Tourende: S-Bahn Stadtmitte

14 Mutbürger zwischen Wald und Reben

Widerständler am Nesenbach

Stuttgart galt lange als recht beschaulich und die Stuttgarter als eher zurückhaltend. Durch Stuttgart 21 ist dieses Bild erheblich ins Wanken gekommen. Doch es gab hier auch früher schon Querdenker und Rebellen. Dabei sind wir großzügig und rechnen Neigschmeckte (Zugereiste) dazu.

2 ½ Std.

19 km

120 m

Tipp zur Tour: Besuch des Museums auf dem »Demokratenbuckel« (Hohenasperg). Hier befindet sich eine sehenswerte Dauerausstellung über das politische Gefängnis in Württemberg.

Wegbeschaffenheit: Radwege und Wege durch den Schlossgarten. Meist möglichst verkehrsarme Straßen. Ein Stück Hauptstraße kann über 200 m Bürgersteig umgangen werden.

Unser Start ist am bekanntesten Bahnhof Deutschlands, dem Stuttgarter Hauptbahnhof. Vom Nordausgang kommend überqueren wir den Arnulf-Klett-Platz und folgen dem Verlauf der Lautenschlagerstraße. Kurz vor deren Ende biegen wir nach rechts über den Bürgersteig und die Friedrichstraße ab. Nun fahren wir rechtsseitig entlang der mehrspurigen Theodor-Heuss-Straße, bis wir auf die Willi-Bleicher-Straße stoßen, die wir noch überqueren und dann nach rechts abbiegen.

Willi Bleicher ①, (* 1907 Stuttgart, † 1981 Stuttgart), war ein Gewerkschafter, der aus der kommunistischen Bewegung stammte. Im Dritten Reich emigrierte er zwar, wurde aber bei einem Aufenthalt in Stuttgart verhaftet. Nach zweieinhalb Jahren im Jugendgefängnis Ulm wurde er – ohne Urteil – im KZ Buchenwald interniert. Hier gehörte Bleicher dem Widerstand an. Dabei hatte er Anteil an der Rettung eines polnischen Kindes, das von einer Gruppe von Häftlingen versteckt wurde und so vor dem Tod gerettet werden konnte. Bruno Apitz beschreibt dies in seinem Roman »Nackt unter Wölfen«. Nach 1945 arbeitete Willi Bleicher als Gewerkschaftsfunktionär, ab 1959 als Leiter des IG Metall-Bezirks Stuttgart. Er war Verhandlungsführer der IG Metall, wobei

ihm zwei große Streiks bundesweite Bekanntheit verliehen (1963 und 1971).

Wir folgen der Willi-Bleicher-Straße weiter über die Schlossstraße hinweg bis zur Schellingstraße, in die wir nach links einbiegen. Bei der Kienestraße rechts und gleich wieder nach links wenden wir uns zu einem Abstecher in die Büchsenstraße, Haus Nr. 54, dem einstigen Geburtshaus von **Max Horkheimer** ② (*1895 Stuttgart, †1973 Nürnberg), an den hier eine Tafel erinnert. Wobei dieser Standort nicht ganz richtig ist, es war nebenan, die Militärstraße 19, heute Breitscheidstraße. Max Horkheimer ist das Musterbeispiel, wenn es gilt, das Sprichwort »Der Apfel fällt nicht weit vom Stamm« zu widerlegen. Der Vater war ein großbürgerlicher, orthodoxer Jude und kaisertreuer Natio-

Horkheimer Junior: Der Apfel fällt weit vom Stamm

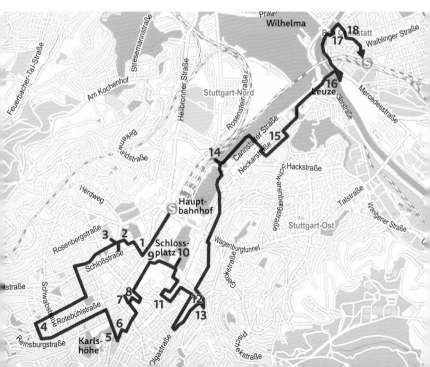

Das Denkmal für den Freigeist Schubart
in seinem Geburtsort Obersontheim

nes Vaters, mit der er sich intensiver befasste, was aber wiederum seinem Vater erheblich missfiel. So trat er nicht in die vorgesehenen Fußstapfen seines Vaters, sondern suchte sein Heil in den Sozialwissenschaften. Seine Arbeit, auch als Leiter des Instituts für Sozialforschung, wurde durch die Nationalsozialisten beendet. Er setzte sie im Ausland fort, so auch Studien über »Autorität und Familie«. 1949 kehrte Horkheimer nach Deutschland zurück und gilt als einer der Begründer der »Frankfurter Schule«, die in der (19)68er-Bewegung eine große Bedeutung erlangte.

Wir fahren wieder zurück bis zum Fußgängerübergang, wo wir nach links die Straße überqueren. Zu einem Abstecher biegen wir nach rechts vor der neuen Liederhalle ab und gelangen in den Hoppenlau-Friedhof. Gleich links befindet sich eine kleine liegende Grabplatte, das Grab von **Christian Friedrich Daniel Schubart** ③ (* 1739 Obersontheim, † 1791 Stuttgart). Schubart war Dichter, Musiker, Journalist und verfasste u. a. »Die Fürstengruft«, »Kaplied«, »Der Gefangene« und »Die Forelle«. Vor allem war er jedoch Freigeist, der gegen die absolutistische Herrschaft, insbesondere in Württemberg, mit spitzer Feder anschrieb. Mit seiner Kritik an Herzog Carl Eugen und seiner Mätresse Franziska schuf er sich erbitterte Feinde. Sie lockten ihn in Blaubeuren in eine Falle, wo er festgenommen und auf den Hohenasperg verbracht wurde. Franziska und Carl Eugen ließen es sich nicht nehmen, ihn dort persönlich zu empfangen. Die

nalist, der mit wehenden Fahnen den Ersten Weltkrieg begrüßte. Diese Tote in Kauf nehmende Kriegshysterie wurde von dem jungen Horkheimer vehement abgelehnt. Auch seine Ausbildung in der elterlichen Kunstbaumwoll-Fabrik in Zuffenhausen missfiel ihm sichtlich, abgesehen von der Privatsekretärin sei-

Ein Gedicht von Christian Friedrich Daniel Schubart aus dem Jahre 1775

Gib mir weit mehr ungestümmes Feuer in Busen, daß die Wahrheit nicht kalt, wie Wasser von der Felsenwand, sondern heiß siedheiß wie Lava am Vesuve von mir herabströme! Wills alsdann nicht achten, wenn der Dümmling wider mich schreyt, wenn der Fanatismus mich angrinzt, die Schüler des Aberglaubens in den Hüllen der Nacht auf mich lauren; – ist's nur wahr, ist's nur vaterländisch, was ich geredt habe.

Rache lautete 10 Jahre Einzelhaft im Kerker ohne jegliches Gerichtsurteil. Carl Eugen war sogar so unverfroren, dass er sich auch noch an Schubarts Autorenhonoraren bereicherte. Erst auf Grund von Protesten, weit über Württemberg hinaus, kam er frei und konnte in Freiheit, aber als gebrochener Mensch, noch vier Jahre in Stuttgart verbringen. Gern traf er sich dann im Gasthaus Adler, einem ehemaligen Gasthaus beim Marktplatzbrunnen, mit Freunden und Gönnern. Dort reimte er mit ihnen Stegreifgedichte auf »Gott und die Welt« beim Glase Wein.

Wir setzen unsere Fahrt zwischen Alter und Neuer Liederhalle entlang der Breitscheidstraße fort bis zur Johannesstraße, wo wir nach links abbiegen. Bei der Johanneskirche wenden wir uns rechts in die Gutenbergstraße, weiter geradeaus bis zur Seyfferstraße, hier links zur Überquerung der Rotebühlstraße. An dieser Stelle schauen wir noch einmal zurück zum Haus Rotebühlstraße 147. Im 4. Stock wohnte einst **Clara Zetkin** ④ (*1857 Wiederau/Sachsen, †1933 Archangelskoje/Moskau). Zetkin war schon früh in der Sozialistischen Arbeiterbewegung tätig und emigrierte wegen der Sozialistengesetze über die Schweiz nach Frankreich. Dort lebte sie mit dem russischen Revolutionär Ossip Zetkin zusammen und nahm ohne Heirat seinen Namen an. Von 1892 war sie Redakteurin der Frauenzeitschrift »Die Gleichheit« in Stuttgart. In diesem Haus in der Rotebühlstraße hatte sie einen prominenten Nachbarn: Robert Bosch, Gründer der gleichnamigen Firma. Beide verbanden ein freundschaftliches Verhältnis und viele Diskussionen.

Wir folgen weiter der Seyfferstraße bis zur Augustenstraße, wo wir links abbiegen. Bei der Silberburgstraße geht es rechts bis zur Nr. 187. Hier erinnert eine Gedenktafel an einen einstigen Bewohner, den Landesbischof **Theophil Wurm** ⑤ (*1868 Basel, †1953 Stuttgart). Wurm gehörte dem nationalkonservativen Lager an, für das er auch im Landtag saß. Anfänglich unterstützte er die Gleichschaltung der Kirche im Dritten Reich. Als sie aber in Württemberg einsetzte, wandte er sich dagegen. Aus diesem Grunde wurde er 1934 unter Hausarrest gestellt, er und weitere Pfarrer wurden suspendiert. Die Kirchenmitglieder akzeptierten dies je-

IN DIESEM HAUS WOHNTE VON 1929 BIS 1943
LANDESBISCHOF THEOPHIL WURM (1868–1953)
GEGEN SEINE AMTSENTHEBUNG UND SEINEN HAUSARREST
WÄHREND DER HERRSCHAFT DES NATIONALSOZIALISMUS
DEMONSTRIERTEN HIER IM OKTOBER 1934 BIS ZU 7000 MENSCHEN

Theophil Wurm – Christlicher Widerstand

doch nicht, es kam zu Protesten. So auch im Oktober 1934, wo ca. 7000 Menschen vor diesem Haus protestierten. Mit Erfolg, denn Wurm wurde wieder eingesetzt, was zeigt, dass Widerstand im Dritten Reich auch erfolgreich sein konnte.

Wir fahren nun weiter bergab bis zur Furtbachstraße, nach links erinnert das einstige Haus Nr. 12 an **Johann Heinrich Wilhelm Dietz** ⑥ (* 1843 Lübeck, † 1922 Stuttgart). 1880 wurde Dietz aufgrund der Sozialistengesetze aus Hamburg ausgewiesen. Daraufhin gründete er am 31. Dezember 1881 den »Verlag J. H. W. Dietz in Stuttgart«. Er war der führende Verleger für sozialistische Literatur. Zu seinen Autoren zählten: Karl Marx, Friedrich Engels, August Bebel, Eduard Bernstein, Ferdinand Lassalle, die sozialistische Frauenzeitschrift »Die Gleichheit« von Clara Zetkin und das literarische Satireblatt »Der Wahre Jacob«. In diesem Haus weilte auch Wladimir Iljitsch Uljanow, besser bekannt als Wladimir Iljitsch Lenin. Unter dem Pseudonym Lenin schrieb er, wegen der Zensur, im zaristischen Russland. Lenin weilte 1901 als Gast bei Dietz, der 1902 seine Schrift »Was tun?« in russischer Sprache verlegte.

1907 besuchte er anlässlich des Sozialistenkongresses in der Liederhalle erneut Stuttgart. Im Alten Schützenhaus (Südheim) schwang er dann am Abend das Tanzbein. In der Blumenstraße, so erzählten es sich alte Stuttgarter, musste er fluchtartig die Wohnung über den Balkon verlassen, als der Hausherr heimkehrte. Auch Sozialisten sind nur Menschen.

Bei der Kirche biegen wir nach rechts zur Tübinger Straße und folgen ihr stadteinwärts. Hinter der Brücke zweigen wir nach links in die Sophienstraße 35 ab. Hier hatte **Affenwerner** ⑦ (* 1809 Stuttgart, † 1870 Stuttgart) seinen Tiergarten. Eigentlich hieß er Gustav Friedrich Werner, aber seine exotischen Tiere verhalfen ihm zu seinem Spitznamen. Werner eckte auf eine ganz besondere Art bei den Oberen an, was mit seinen Papageien zusammenhing. Diese hatten den badischen Revolutionär Hecker als ihren Freund entdeckt, in dem sie immer wieder »Hecker hoch« krächzten. Damit die in Stuttgart stationierten Soldaten nicht mit solch revolutionären Parolen in Verbindung kamen, durften sie Affenwerner und seine Gaststätte nicht mehr besuchen. Alsbald durften sie auch nicht mehr vorbeimarschieren, sie mussten einen Bogen schlagen. Als die Papageien ihre subversiven Parolen immer noch nicht unterließen, musste eine härtere Gangart eingelegt werden. Aber keine Angst, die Papageien wurden nicht geschlachtet, sondern Affenwerner wurde zu einer Gefängnisstrafe auf dem Hohenasperg verurteilt! Er hatte jedoch Glück im Unglück, denn einer seiner Stammgäste vom Hofe setzte sich beim König für ihn ein und er wurde begnadigt.

Wir fahren ein kleines Stück die Sophienstraße zurück, biegen nach links in die Marienstraße und gleich wieder nach rechts in die Kleine Königsstraße zum heutigen Alten Schauspielhaus. Hier möchten wir an eine Aufführung vom 11. bis zum 13. März 1930 erinnern. Bei dem Autor handelte es sich laut »Völkischem Beobachter« um den »gemeingefährlichsten Vertreter des ostjüdischen Bolschewismus«: **Friedrich Wolf** ⑧ (*1888 Neuwied, †1953 Lehnitz/Berlin). Das Stück hieß »Zyankali« und handelte vom Elend des Abtreibungsparagrafen 218. Wie sehr es Wolf gelingt, die Diskussion gegen den § 218 voranzutreiben, sieht man daran, dass er 1932 verhaftet wurde, aber nach Massenprotesten in ganz Deutschland wieder freigelassen werden musste. Wolf wohnte in der Zeppelinstraße 43, wo er auch eine Praxis für Naturheilkunde betrieb. Er schrieb ein naturärztliches Hausbuch »Die Natur als Arzt und Helfer« und verstand sich als Arzt der kleinen Leute.

Wir fahren die Straße weiter bis zur Tübinger Straße, in die wir nach links abbiegen, gleich anschließend noch einmal links, dann bei der zweiten, der Kronprinzstraße, nach rechts. Am letzten Haus auf der linken Seite befindet sich an der Ecke zum Schlossplatz eine Gedenktafel, die an die Vertretung der Landstände, das einstige Landschaftsgebäude, erinnert. Die Landstände waren die Gegenspieler zum jeweiligen Landesherrn, was nicht immer einfach war. Manch ein Untertan bekam dies zu spüren, so auch **Johann Jacob Moser** ⑨ (*1701 Stuttgart, †1785 Stuttgart). Moser war von 1751 bis 1759 sowie von 1764 bis 1770 Landschaftskonsulent. Zunächst versuchte er sich als Rechtsberater in Wien, wo ihm jedoch seine Weigerung, den katholischen Glauben anzunehmen, hinderlich war. Nach mehreren Stationen, auch als Universitätslehrer, wurde er 1751 Rechtsberater der württembergischen Landstände.

Johann Jacob Moser: Eines der vielen Opfer von Herzog Carl Eugen

Dies war jedoch ein undankbarer, konfliktvoller Job. Auf der einen Seite der absolutistische Herzog Carl Eugen, der ständig Geld für seine ausufernde Hofhaltung herauszupressen versuchte. Auf der anderen Seite die Stände, die akribisch ihre Rechte aus dem Tübinger Vertrag (1514) verteidigten, auch wenn es der Entwicklung des Landes, des Handwerks und des Handels schadete. Als Hauptschuldigen für das schlechte Verhältnis zu den Ständen machte der Herzog Moser aus und ließ ihn 1759 kurzerhand verhaften. Ohne Gerichtsverfahren verbrachte er fünf Jahre in Einzelhaft auf dem Hohentwiel. Sein Gottvertrauen als strenggläubiger Pietist sowie seine literarische Arbeit trotz Schreibverbot halfen ihm diese Jahre zu überstehen. Nach Protesten des Kaisers und Preußens sowie der Landschaft musste Moser laut Beschluss des Reichshofrates entlassen werden. Bis 1770 setzte er seine Tätigkeit für die Landschaft fort. Danach war er ausschließlich schriftstellerisch tätig.

Wir überqueren die Königstraße und folgen der Planie. Auf der linken Seite erhebt sich das Neue Schloss, der Sitz von Herzögen und Königen. Doch auf dem Neuen Schloss wehte einst – unvorstellbar – die rote Fahne, während 1918/19 hier die Arbeiter- und Soldatenräte regierten. Ein führender Kopf der Novemberrevolution in Stuttgart war **Fritz Rück** ⑩ (*1895 Stuttgart, †1959 Stuttgart). Nachdem sich nicht mehr verheimlichen ließ, dass der Erste Weltkrieg verloren war, entluden sich die Entbehrungen der Bevölkerung in der Novemberrevolution, so auch in Stuttgart. Die Demonstrationen schwollen von anfänglich ein paar Tausend bis zu einer Menschenmenge von 100 000 am 9. November 1918 an. Der König musste gehen. In einer Übergangsphase regierten Arbeiter- und Soldatenräte und mit ihnen auch Rück im Neuen Schloss. In der Weimarer Republik war er journalistisch und in verschiedenen linken Parteien tätig. Ende der 1920er-Jahre arbeitete er mit Johannes R. Becher zusammen. 1933 emigrierte er erst in die Schweiz, später nach Schweden. 1950 kehrte er nach Stuttgart zurück und war als Chefredakteur der Gewerkschaftszeitung der IG Druck und Papier tätig, außerdem war er Bundesvorsitzender der Naturfreunde Deutschlands.

Wir folgen weiter der Planie und biegen am Ende des Karlsplatzes erst nach rechts, dann nach links in die Dorotheenstraße und gleich wieder nach rechts in die Holzstraße ab. Bei der Marktstraße biegen wir nach rechts, dann nach links in die Eberhardstraße und gleich wieder nach links ab. Bevor wir die Hauptstätter Straße überqueren, schauen wir nach rechts. Dort wo heute die Polizei residiert, war im Mai 1847 der Ausgangspunkt für den **Stuttgarter Brotkrawall** ⑪. Die Ernte war schlecht ausgefallen, Preissteigerungen und Hungersnot waren die Folge. Der Bäckermeister Christian Mayer, Hauptstätter Straße 52, hatte schon seit Tagen kein Brot mehr gebacken, weil – angeblich – sein Ofen defekt war. Viele Bürger glaubten, dass der ohnehin schon reiche Bäcker auf Kosten der armen Leute spekulierte und noch reicher werden wollte.

Sie gingen davon aus, dass er das Mehl hortete, um es später noch teurer verkaufen zu können. Wie ein Lauffeuer ging es durch die Stadt, dass dem Bäckermeister ein Ständchen Katzenmusik gebracht werden wollte. Also schlugen die Menschen Lärm – seit Stuttgart 21 wird dies Schwabenstreich genannt. Vor der Bäckerei kam es abends gegen 8 Uhr erst zur Katzenmusik. Alsbald flogen erste Steine, Barrikaden wurden gebaut. Die Bürgergarde griff erfolglos ein. Erst als Militär mit gezogenem Säbel und Gewehrsalven aufzog, konnte die Menge auseinandergetrieben werden. Das Ergebnis: Ein Schustergesell, von einer Gewehrkugel getroffen, verstarb, daneben gab es viele Verletzte und 141 Festnahmen. Damit war der Brotkrawall zerschlagen. Dieser Aufruhr war jedoch einer von vielen Mosaiksteinen, die zur 48er-Revolution führten.

Nach Überqueren der Hauptstätter Straße halten wir uns erst links und biegen hinter der Kirche nach rechts ab, um dann sofort der Esslinger Straße zu folgen. In die Rosenstraße biegen wir nach rechts ab. Ein illustrer Bewohner dieser Straße, Haus Nr. 45, war **Albert Friedrich Benno Dulk** (12) (* 1819 Königsberg, † 1884 Stuttgart). Dulk war eine schillernde Figur, die schwer zu beschreiben ist. Einige Klassifizierungen sind: Schriftsteller, Revolutionär, Sozialdemokrat, Natursportler, Liebling von Frauen, ...!

1845 wurde er wegen einer Begräbnisrede für die Gefallenen der Leipziger Unruhen aus Sachsen ausgewiesen. Sein Studium war wegen seiner Gesinnung beschwerlich, so beispielsweise nur des-

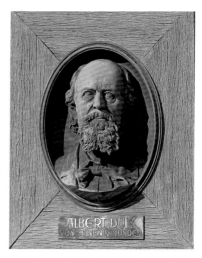

Dulk – Kämpfer gegen verlogene Moral

halb möglich, weil eine Freundin ihn während der Studienzeit versteckte. Wegen eines Dramas über das Attentat auf König Friedrich Wilhelm IV. war er im Visier der preußischen Geheimpolizei und landete in Halle in Untersuchungshaft. Aktiv nahm er an der 48er-Revolution teil. Nach deren Misserfolg wanderte er über die Alpen und durch Italien, um in Ägypten monatelang einsam in einer Felsenhöhle zu hausen. Über die Schweiz kam er 1858 nach Stuttgart und ließ sich hier als Literatur- und Theaterkritiker nieder. Neben literarischen Arbeiten verfasste er kirchenkritische Texte. Die Sozialistengesetze brachten ihm wegen Volksverhetzung und Kirchenschmähung Gefängnis ein. 1865 durchschwamm er von Friedrichshafen nach Romanshorn in 6½ Stunden den Bodensee. In der Rosenstraße lebte Dulk mit seinen drei Frauen und mehreren Kindern (!), später in Untertürkheim. Im Dulkhäusle auf der Esslinger Höhe entstanden zahlreiche literarische Arbeiten. Am 29. Oktober 1884 starb Dulk an einem Herzversagen. Der Trauerzug wurde zu einer Demonstration durch Stuttgart mit 5000–10 000 Teilnehmern. Besonders interessant aus Stuttgarter Sicht ist Dulks Drama »Lea«, das sich mit dem Justizmord an Joseph Süß Oppenheimer und den damit verbundenen antijüdischen Klischees auseinandersetzt, fern von vorgegebenen religiösen Sichtweisen.

Der Weg führt uns zurück bis zur Olgastraße, in die wir nach links abbiegen. Bei der Zimmermannstraße halten wir uns links und fahren zu einem Platz vor der Hohenheimer Straße, der nach Gerta Pohorylle, genannt **Gerda Taro** ⑬ (*1910 Stuttgart, †1937 El Escorial/Spanien) benannt ist. In der Alexanderstraße Nr. 170a gebürtig, emigriert sie nach einer kurzen Inhaftierung wegen politischer Aktivitäten, nach Paris, wo sie ihren späteren Lebensgefährten, den Ungarn André Friedman, kennenlernt. Beide sind als Fotografen tätig und legen sich, um besser an Aufträge zu kommen, die Pseudonyme Gerda Taro und Robert Capa zu. Als Franco 1938 mit tatkräftiger Unterstützung Hitlerdeutschlands gegen die demokratisch gewählte Regierung putscht, beschließen beide nach Spanien zu gehen, um über das Grauen des Krieges zu berichten. Im Juli 1937 wird Taro auf der Flucht vor einem Angriff der deutschen Legion Condor durch einen Unfall getötet. Lange stand sie ein wenig im Schatten ihres Partners Capa. Neuere Untersuchungen zeigen, dass ein nicht unwesentlicher Teil der Fotos, die beide veröffentlichten, von Taro stammen. 2008 wurde der Platz zwischen Hohenheimer/Dannecker- und Alexanderstraße nach Gerda Taro benannt.

Leider ist die Weiterfahrt durch die Schneise der Hohenheimer Straße erschwert. Am einfachsten begeben wir uns links der Straße abwärts und überqueren diese zur Stadtbahnhaltestelle. Über den Bahnsteig gelangen wir zur unteren Seite der Stadtbahnhaltestelle und können hier die Straße vollends überqueren und entlang der Olgastraße dem Verkehrschaos entfliehen. Halblinks in die Moserstraße und mit einem Links-Rechtsschlenker in die Urbanstraße. Dieser folgen wir bis zum Kernerplatz. Ab hier durch die Kernerstraße zum Neckartor. Diese Kreuzung können wir über die Rampen unterqueren und erreichen so den Schlossgarten. Im Schlossgarten geht es nach rechts auf den Radweg, weiter über die Rad-Fußgängerbrücke, hinter der wir nach links abwärts radeln. Schon von weitem sehen wir nun die beiden Rösser aus Carraramarmor – geschaffen von Ludwig von Hofer, genannt die Rossebändiger. Hier wollen wir an **Hans Gasparitsch** ⑭ (*1918 Stuttgart, †2002 Stuttgart) erinnern. Gasparitsch wuchs in Ostheim auf, die Realschule musste er aus finanziellen Gründen abbrechen. Im Dritten Reich bildete er mit Gleichgesinnten eine Wandergruppe. Aus dieser bildete sich später die Widerstandsgruppe »Gruppe G«, deren Mitglieder unter anderem Flugblätter

Die Parole »Hitler = Krieg« am Sockel der Rossebändiger bescherte
Hans Gasparitsch Zuchthaus und KZ

gegen Hitler herstellten und verteilten. Am 14. März 1935 pinselte Gasparitsch auf den Sockel »Hitler = Krieg«. Dabei bekleckerte er sich mit Farbe, was ihn später überführen sollte. Nach Verhören bei der Gestapo im Hotel Silber verbrachte er die verhängte Strafe im berüchtigten KZ Oberer Kuhberg bei Ulm. Danach kam er nicht etwa frei, sondern wurde ohne Urteil in verschiedenen KZs festgehalten, zuletzt im KZ Buchenwald, wo er bei der Selbstbefreiung der Häftlinge am 11. April beteiligt war.

Wir fahren ein Stück zurück und setzen unsere Tour in Richtung Bad Cannstatt fort. Hinter dem Spielplatz fahren wir nach rechts und überqueren beim Steg die Cannstatter Straße. Geradeaus über die Neckarstraße weiter der Heinrich-Baumann-Straße folgen. Dann links in die Stöckachstraße bis zur Werderstraße, in die wir nach links einbiegen.

Kurz vor der Neckarstraße befindet sich auf der linken Seite das Haus Nr. 12, der Ort der **Kabelattentäter** ⑮. An der Stelle des heutigen SWR befand sich damals die Stadthalle, wo Adolf Hitler im Januar 1933 eine Rede halten wollte. Diese sollte vom Rundfunk übertragen werden. Dazu wurde provisorisch von der Stadthalle ein Kabel zum Rundfunk am Stöckach (heute Staatsanwaltschaft) an den Häusern befestigt, welches von der SA bewacht wurde.

Eine Gruppe von vier jungen Kommunisten wollte diese Rundfunkübertragung verhindern. Zwei von ihnen inszenierten eine Rauferei, wodurch die SA-Wache

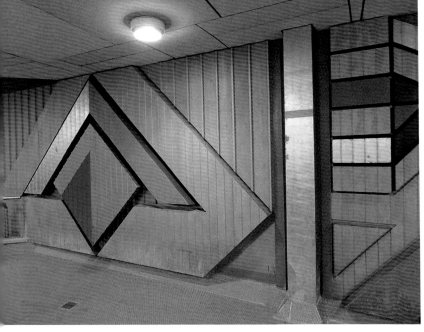

Hajek: Einst zu extrem für öffentliche Aufträge

abgelenkt wurde, während zwei weitere im Hinterhof mit einer Axt das Kabel in 3,80 m Höhe durchschlugen. Damit war Hitlers Rede im Rundfunk beendet. Die Kabelattentäter konnten entkommen, wurden aber später ermittelt.

An der Neckarstraße biegen wir nach rechts ab und fahren parallel zu den Stadtbahngleisen Richtung Bad Cannstatt, vorbei am Mineralbad Berg zum Mineralbad Leuze. Das Bad hat seine Wurzeln im Jahre 1842. Anfang der 1980er-Jahre wurde es grundlegend saniert und durch den Künstler **Otto Herbert Hajek** ⑯ (* 1927 Kaltenbach/Tschechoslowakei, † 2005 Stuttgart) gestaltet. Ha-

jek war ein abstrakter Maler, Graphiker und Bildhauer. Er war bereits Ende der 1950er-Jahre ein international anerkannter Künstler. Das soll aber das Finanzministerium von Baden-Württemberg offenbar nicht daran gehindert haben, 1959 per Verordnung Hajeks Kunstwerke wegen ihrer »Extreme« von öffentlichen Aufträgen auszuschließen. Daraufhin lehnte Hajek eine ihm 1962 angetragene Professur an der Stuttgarter Kunstakademie ab. Der Auftrag zur Ausgestaltung des Leuze war dann ein Signal des Umdenkens.

Nun fahren wir über die König-Karls-Brücke nach Bad Cannstatt. Hinter der Brücke nehmen wir die Rampe nach rechts abwärts, schlagen dann aber einen 180-Grad-Haken und fahren unter der Brücke hindurch entlang des Neckars.

Bei der Rosensteinbrücke queren wir die Straße und bei der Wilhelmsbrücke biegen wir nach rechts in die Cannstatter Altstadt ab. Der Marktstraße folgend erreichen wir auf der linken Seite das Alte Rathaus. Gegenüber mündet die Brählesgasse. Leider erinnert an diesem Eckhaus nichts mehr an den Cannstatter Flugpionier **Salomon Idler** (17) (*1610 Cannstatt, †1669 Augsburg?). Den tapferen Schwaben verschlug das Leben nach Augsburg, wo er als Schuster und Schriftsteller lebte. 150 Jahre vor dem Schneider von Ulm versuchte er sich im Fliegen. Zu Beginn der 1660er-Jahre wollte er vom 70 m hohen Perlachturm abheben. Auf Anraten eines Geistlichen versuchte er es erst einmal ein bisschen niedriger. So sprang er mit seinen Vogelschwingen vom Dach eines Schuppens und knallte auf ein darunter befindliches Brückchen, das unter seiner Last zusammenbrach und vier darunter befindliche Hühner erschlug – die ersten Opfer der zivilen Luftfahrt. Idler war derart frustriert, dass er keine weiteren Flugversuche unternahm und seinen Flugapparat zerstörte. Danach arbeitete Idler als Pferdedresseur, Gaukler, Poet und Schauspieler.

Die letzte Station unserer Tour ist das gegenüberliegende Rathaus. Während man bei Idler ein gewisses Schmunzeln unschwer unterdrücken kann, ist der nächste Fall bitter. Es geht um das Schicksal von **Gottlob Eitle** (18) (*1854 Stuttgart, †1881 Stuttgart). Er war Lehrer und sozialdemokratischer Publizist in Zeiten der Bismarck'schen Sozialistengesetze. Ende der 1880er-Jahre wurde ihm vorgeworfen, sozialdemokratische Schriften in Umlauf gebracht zu haben, was nicht bewiesen werden konnte. Der Verdacht aber reichte aus, ihn vom Staatsdienst zu suspendieren. 1881 kandidierte Eitel anlässlich der Schultheißenwahl in Cannstatt. Kurz darauf verstarb er im Alter von nur 27 Jahren, weil er kein Geld mehr für eine ärztliche Behandlung hatte. Eine ihm zugesagte Stelle in der Schweiz konnte er wegen fehlender Mittel für die Bahnfahrt und seiner Krankheit nicht antreten. Zur großen Verwunderung der Polizei kamen zu seiner Beerdigung, trotz des Werktages, über 400 Personen. Die Leichenrede hielt der eingangs bereits erwähnte Albert Dulk. Er geißelte die Praxis der Sozialistengesetze als einen Verstoß gegen die Menschenrechte.

Den Verlauf der Marktstraße folgend über den Wilhelmsplatz hinaus erreichen wir den Cannstatter Bahnhof.

 Wohnhäuser, Denkmäler, Wirkungsstätten

 Tourstart: S-Bahn Stuttgart Hauptbahnhof
Tourende: S-Bahn Bad Cannstatt

15 Stuttgart – tierisch gut

Radtour zu großen und kleinen Tieren

Tiere haben der Stadt ihren Namen gegeben: Stutengarten. Das Rössle ist deshalb das Wahrzeichen – und nicht Wenigen, besonders den Kindern, fällt bei Stuttgart hauptsächlich die Wilhelma ein. Es gibt also viele tierische Anknüpfungspunkte vom Ameisenberg bis zum Ziegenbock aus »de Schwäbische Eisebahne«. Der Drahtesel ist deshalb bestens aufgehoben zwischen Papageien & Kormoranen, Löwen & Hirschen genauso wie bei den Dinosauriern oder dem berühmten Juchtenkäfer – und nicht zu vergessen: den über 40 000 Insassen des Schweinemuseums.

🕐 **3 ½ Std.**	**Tipp zur Tour:** Die Wilhelma mit ihren Tieren, Pflanzen und eindrucksvollen Gebäuden im maurischen Stil ist einen Tagesausflug wert. (www.wilhelma.de)
➡ **30 km**	
⛰ **275 m**	**Wegbeschaffenheit:** Vorwiegend auf Nebenstraßen, teilweise Parkwege. Größere Anstiege bzw. Entfernungen können ggf. mit der Stadtbahn überbrückt werden.

Wir starten in Stuttgart-Hofen an der Haltestelle Mühlhäuser Straße und fahren Richtung Neckar, wo wir vor der Brücke nach links Richtung **Max-Eyth-See** ① abbiegen. Auf dem Uferweg radeln wir ca. 1 km und biegen links ab zur Beobachtungsstelle der Vogelinsel. Hier hat sich eine Kolonie von Kormoranen und Graureihern angesiedelt. In den ufernahen Bäumen befinden sich zahlreiche Nester. Graugänse, verschiedene Entenarten und Teichhühner sind ebenfalls zu beobachten. Im Sommer ist der Max-Eyth-See in den Abendstunden zudem ein Eldorado für Fledermäuse. Dazu werden auch immer wieder Führungen angeboten.

Auf dem Neckarradweg machen wir uns auf den Weg zum nächsten Vogelziel: den **Gelbkopfamazonen** ②. Diese Papageienart ist in ihrer Heimat Süd- und Mittelamerika vom Aussterben bedroht, aber in Bad Cannstatt hat sich eine 50-köpfige Schar häuslich eingerichtet. Seit über 20 Jahren durchstreifen die geselligen Vögel tagsüber meist paarweise den Stadtteil sowie Schlossgarten und

Max-Eyth-See

Der größte See Stuttgarts ist um 1930 bei der Kanalisierung des Neckars künstlich angelegt worden. Er war als Naherholungsgebiet gedacht mit Strandbad und Bootsanlegestellen. In den 1940er-Jahren wurde er aufgrund des Krieges wieder leergepumpt und erst 1949 wieder neu gefüllt. In den 1960er-Jahren erfolgte eine grundlegende Umgestaltung, das ganze Gelände wurde unter Land-

schaftsschutz gestellt. Seit 2008 werden mit privater Unterstützung weitere Verbesserungen bezüglich Wasserqualität und Ufergestaltung in Angriff genommen. Besonders geschützte Bereiche an der Nordwestseite des Sees und die naturbelassene Uferlandschaft garantieren große Artenvielfalt und einen idealen Lebensraum für viele Tiere im Großraum Stuttgart.

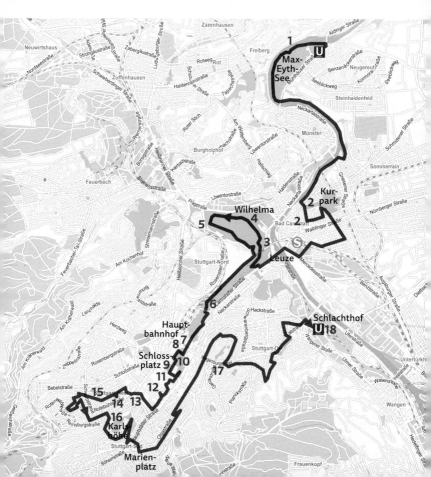

Staatliches Museum für Naturkunde

Wie fast alle Herrscher haben auch die württembergischen Herzöge und Könige Sammlungen von Kostbarkeiten und Kuriositäten angelegt, seien es Gemälde, Kunstgegenstände oder seltene Naturobjekte vom ausgestopften Vogel bis zum Mammutzahn. Ende des 18. Jahrhunderts hat man diese herzogliche Kunstkammer dann aufgeteilt: Alle Naturalien wurden nun zu einer eigenen Sammlung zusammengefasst. König Friedrich von Württemberg fiel letztendlich sogar seiner Sammelleidenschaft zum Opfer. Im Oktober 1816 besichtigte er eine Ausgrabungsstätte auf dem Seelberg in Cannstatt, wo man Mammutzähne gefunden hatte. Dabei holte er sich eine heftige Lungenentzündung, an der er kurze Zeit später verstarb.

Auf jeden Fall waren die Fossiliensammlungen von Anfang an ein wichtiger Forschungsschwerpunkt. Durch Oscar Fraas (1824–1897) und seine Ausgrabungen in der Bärenhöhle und den Höhlen des Lonetals wurde dann der Grundstein für die Steinzeitforschung in Württemberg gelegt. Fraas war ab 1855 Konservator am Königlichen Naturalienkabinett, und sein Sohn Eberhard setzte dieses Werk später fort.

Im Museum am Löwentor kann man bis heute eine beachtliche Sammlung von Originalfossilien bewundern, während das Museum Schloss Rosenstein den lebenden Pflanzen und Tieren gewidmet ist. Von der einheimischen Fauna und Flora bis zu den tropischen Regenwäldern oder den Meeresbewohnern sind alle Naturräume der Erde dargestellt.

www.naturkundemuseum-bw.de

Rosensteinpark. Abends, bei Einbruch der Dunkelheit, sammeln sie sich bei ihren Schlafbäumen rund um Martin-Luther- und Daimlerstraße bzw. am Wilhelmsplatz. Ihr Geschrei verrät, wo sie sich gerade aufhalten. Die Cannstatter Gelbkopfamazonen sind die einzige frei lebende Population außerhalb Amerikas und haben sich an die Lebensbedingungen im Neckartal gut angepasst.

Da die Cannstatter Altstadt kein Herz für Radfahrer hat und nur mit Um- und Schleichwegen zu durchqueren ist, ra-

Gut getarnt - Gelbkopfamazone

deln wir drum herum. Über Taubenheim-, Reichenhaller-, Decker- und Elwertstraße gelangen wir schließlich entlang der Mercedesstraße zur König-Karl-Brücke und zur Haltestelle Mineralbäder. Hier überqueren wir die Gleise und erreichen bei der nächsten Anhöhe das **Naturkundemuseum** ③ im Schloss Rosenstein.

Auf dem weiteren Weg fahren wir entlang der **Wilhelma** ④, über den Zaun hinweg sind vom Fahrradsattel aus einige Tiere zu beobachten. Dieser botanisch-zoologische Garten ist einer der größten in ganz Deutschland.

Wir gelangen nun zum Museum am **Löwentor** ⑤ mit seiner umfangreichen

Ganz alte Cannstatter

ne Reise in die URZEIT im Museum am Löwentor.
ne Reise um die WELT im Schloss Rosenstein.

STAATLICHES MUSEUM FÜR NATURKUNDE STUTTGART
MUSEUM AM LÖWENTOR | SCHLOSS ROSENSTEIN

STAATLICHES MUSEUM FÜR NATURKUNDE STUTTGART

WWW.NATURKUNDEMUSEUM-BW.DE

Sammlung von Fossilien aus allen Erdzeitaltern, darunter Dinosaurier, Mammute und Urmensch-Funde. Auch in der Umgebung von Bad Cannstatt sind in den Travertin-Steinbrüchen beachtliche Überreste urzeitlicher Lebewesen entdeckt worden.

Vom Löwentor-Museum geht es abwärts Richtung Schlossgarten, durch die Felix-Mendelsohn-Bartholdy-Allee, wo wir, je nach Tageszeit, auch wieder den Gelbkopfamazonen begegnen können. Begleitet von vielerlei Getier, darunter Reiher, Gänse, Enten, gelegentlich auch Störche, erreichen wir bei den **Rossbändigern** ⑥ zwei beindruckende Exemplare des Stuttgarter Wappentiers. Hier, wo einst die herrschaftliche Pferdezucht im Mittelpunkt stand, leben heute zahlreiche andere Tierarten – besonders erwähnenswert ist die große Anzahl an Feldhasen. Keine andere deutsche Großstadt beherbergt so viele dieser Langohren, die im Übrigen auf der Roten Liste gefährdeter Tierarten stehen.

Und dann kommen wir endlich auch zum **Juchtenkäfer** ⑦, streng geschützte

Marstall: Das Pferdeparkhaus an der Königstraße

Tierart, durch Baumfällungen für Stuttgart 21 zusätzlich bedroht und deshalb mehrfach in die Schlagzeilen geraten. Einige Platanen in der Nähe des Ferdinand-Leitner-Stegs, die bereits zur Fällung vorgesehen waren, müssen nun als Brutbäume für den »Juchti« stehen bleiben. Somit wird eine vom Aussterben bedrohte Käferart immer wieder zum Menetekel für ein umstrittenes Großprojekt.

Nach Umrunden der Bahnhofsbaustelle queren wir auf dem Ferdinand-Leitner-Steg die Schillerstraße und halten uns anschließend rechts. In der Theater-Passage befindet sich rechts an der Wand ein Relief in Erinnerung an den königlichen **Marstall** ⑧, der sich von hier bis hinauf zur Marstallstraße erstreckte. Ursprünglich befand sich das ganze Gebäude auf der Solitude, wurde dort aber zu Beginn des 19. Jahrhunderts abgebrochen und an der Königstraße wieder errichtet. Die Bedeutung dieser Hofstallungen ermisst sich an der beachtlichen Größe des Gebäudes, das im Zweiten Weltkrieg zerstört und nicht wieder aufgebaut wurde.

Juchti – ein Medienstar

Durch den oberen Schlossgarten und die Stauffenbergstraße erreichen wir nun den Schlossplatz. Vor dem Neuen Schloss stehen unübersehbar die Wappentiere **Löwe und Hirsch** ⑨ des Bildhauers Antonio Isopi. Die gusseisernen Großplastiken aus Wasseralfingen wurden 1819 fertiggestellt und sind das Ergebnis jahrelanger Arbeit und einmaliger handwerklicher Kunstfertigkeit.

Ein anderer weithin sichtbarer Hirsch verschönert ebenfalls den Schlossplatz – golden glänzt er auf der Kuppel des Kunstgebäudes, deshalb auch »**Gasthaus Hirsch**« ⑩ genannt. Er ist das Werk des Bildhauers Ludwig Habich, der Anfang des 20. Jahrhunderts Professor an der Technischen Hochschule war. Dieser goldene Hirsch ist auch eine Reminiszenz an das Lusthaus, das früher hier stand und an den Giebeln mit Hirsch-Skulpturen geschmückt war.

Nun radeln wir am Schloss vorbei, biegen anschließend links in die Planie ab und können auf der Rückseite des Schlosses noch den Adlerbrunnen bewundern (▶ Tour 12 ⑯).

Wir setzen die Radtour fort über den Karlsplatz, vorbei am Standbild Kaiser Wilhelms I., flankiert von zwei großen steinernen Löwen, und stehen dann vor dem Gebäude der Markthalle (▶ Tour 1 ⑫). Nicht nur, dass es im Inneren allerlei Tierisches zu kaufen gibt: Die Fassade ist im Bereich des Eingangs Dorotheenstraße mit verschiedenen Tiermotiven geschmückt, u. a. auch einem **Stuttgarter Rössle** ⑪.

Stuttgarter Markthalle

Am Marktplatz folgen wir der Fahr-radstraße zur Eberhardstraße und bie-gen oben kurz vor deren Ende rechts ab in die Geißstraße und zum **Hans-im-Glück-Brunnen** ⑫. Die Sammlung an Tieren reicht hier, wie im gleichnamigen Märchen der Gebrüder Grimm beschrie-ben, vom Pferd bis zur Gans. Jedes der gol-denen Medaillons beschreibt eine Station des Märchens. Gekrönt wird der Brunnen von einem wasserspeienden goldenen Schweinchen.

Der weitere Weg führt durch das Gerber-viertel, zunächst vorbei am Eckhaus Tor-

straße, einer ehemaligen Metzgerei mit entsprechendem figürlichem Schmuck an der Fassade. Danach folgen wir der Gerberstraße und später nach rechts der Sophienstraße aufwärts. Bei dem Hotelbau im Haus Nr. 35 erinnert heute leider gar nichts mehr an die Gastwirtschaft mit

ausgedehntem Wirtsgarten, die ab 1840 bis zu seinem Tod von Gustav Friedrich Werner, dem sog. **»Affenwerner«** ⑬, betrieben wurde. Der Tiernarr versammelte hier eine Vielzahl auch exotischer Tiere, wie Affen, Löwen oder Bären, die teilweise frei im Wirtsgarten herumliefen. Damals lag das Grundstück bereits am Rand der Stadt, so dass die Grünfläche für solch ausgedehnte Tierhaltung ausreichte – heute unvorstellbar!

Bei der Ampel vor dem Finanzamt überqueren wir die Rotebühlstraße und gelangen über Herzog-, Weimar- und Gutenbergstraße zum **Feuersee** ⑭.

Dieses Aufzuchtgewässer des Landesfischereiverbandes beherbergt trotz geringer Wassertiefe und bisweilen recht zweifelhafter Wasserqualität große Karpfen und viele andere Fischsorten, sowie eine stattliche Anzahl an Rotwangenschildkröten. Die wärmeliebenden Tiere kann man im Uferbereich gut beim Sonnenbad beobachten.

Von den echten Tieren kommen wir im nächsten Abschnitt der Tour wieder

◄ Schwein gehabt!

▼ Feuersee: Das Schildkrötenparadies

zu den großen und kleinen Fassaden-
bewohnern im Westen. Über Gutenberg-,
Vogelsang- und Rötestraße erreichen wir
zunächst das **Elefantenhaus** ⑮ Ecke
Röte-/Paulusstraße. Die Paulusstraße
aufwärts, insbesondere die Häuser 12 und
14, werden ebenfalls von exotischen Tieren an den Fassaden geschmückt. Fährt
man nun durch die Bismarck-, Ludwig-
und Seyfferstraße, lohnt sich immer
wieder ein Blick auf die reich verzierten
Hauseingänge und Gründerzeitfassaden.
Entdecken kann man bei diesem Streif-
zug viele Tierplastiken in Form von Affen,
Fröschen, Eulen, Pfauen bis hin zu Unge-
heuern und geflügelten Drachen.

An der Kreuzung Röte-Augustenstraße
wenden wir uns nach links und fahren bis
zur Hasenbergstraße. Hier geht es rechts,
und an der nächsten Kreuzung stehen
wir vor dem **Gänsepeter-Brunnen** ⑯.
Er erinnert an Zeiten, als die Versorgung
der Stuttgarter Bevölkerung noch ohne
Kühltransport bewerkstelligt wurde. Damals mussten die Gänse noch selbst zum
Mark laufen, und dass sie dort auch heil
ankamen, dafür sorgte der Gänsepeter.

Ein kurzes Stück oberhalb des Brunnens bei den Häusern Hasenbergsteige 4
und 6 bietet sich ein weiteres Fassaden-
Schauspiel: Ein Hase entkommt zunächst
glücklich der Verfolgung durch den Da-
ckel, sieht dabei aber nicht, dass er direkt
einem Jäger vor die Flinte läuft.

Die Hasenbergsteige müssen wir danach noch ein kurzes Stück hinauf, biegen nach links in die Hohenzollernstraße
und radeln über Mörike- und Hohenstaufenstraße hinab Richtung Marienplatz.

Hier besteht die Möglichkeit, den letzten Teil der Strecke mit der Stadtbahn
zurückzulegen. Andernfalls wenden wir
uns in die Tübinger Straße, und von hier
über Kolb- und Lehenstraße hinauf zur
Liststraße. Hier begegnen uns wieder
viele dekorative Fassaden. Besonders
viele Tiere findet man beim Haus Liststraße 36. Aber auch im weiteren Verlauf der Liststraße und der nachfolgen-
den Alexanderstraße zeigt sich, dass die
Bildsprache der Jugendstilzeit gerne auf
Tiermotive zurückgegriffen hat. Beliebt
waren damals aber besonders unspekta-
kuläre Tiere, wie Schnecken, Eidechsen,
kleine Vögel, Fledermäuse und ähnli-
ches Getier für den dekorativen Fassa-
denschmuck.

In der Alexanderstraße radeln wir beim
Brunnen an der Ecke Zimmermannstraße
zur Olgastraße hinunter und haben dann
eine längere gerade Strecke von ca. 2 km
über Werastraße und Schützenstraße bis
hinauf zur Ameisenbergstraße vor uns.
Die Ameisenbergstraße entpuppt sich als
schöne Panoramastraße am Fuß der Uhlandshöhe – größere Ansammlungen von
Ameisen wird man dort heute vergeblich
suchen. Am Ende fahren wir halb rechts
in die Wagenburgstraße und treffen an
deren Ende auf die **Libanonstraße** ⑰.
Sie hat ihren Namen von der Villa Liba-
non (ehemals Gerokstraße 9) des Pfar-
rers und Naturforschers Oscar Fraas. Er
hat u. a. zahlreiche Höhlen der Schwäbischen Alb erforscht und sich intensiv mit
der Steinzeit in Württemberg beschäftigt. Fraas arbeitete für das »Königliche
Naturalienkabinett« – heute Staatliches

Vom Schlachthof zum Schweinemuseum

Museum für Naturkunde in Stuttgart – und hat mit zahlreichen Knochenfunden steinzeitlicher Tiere und Menschen einen wichtigen Grundstock zu den Sammlungen dieses Museums gelegt.

Die Libanonstraße führt uns nach Gablenberg hinunter und anschließend weiter durch die Bergstraße und die Klingenstraße zur Klingenbach-Anlage. Diese durchqueren wir wegen zahlreicher spielender Kinder recht vorsichtig und nähern uns allmählich dem Abschluss dieser Tour: dem ehemaligen **Schlachthof** (18), in dem jetzt das Schweinemuseum untergebracht ist (www.schweinemuseum. de). Dazu radeln wir entlang von Land-

haus-, Abelsberg- und Haussmannstraße hinunter zum Gaskessel. An der großen Kreuzung Talstraße/Wangener Straße geht es noch ein kurzes Stück geradeaus, bei nächster Gelegenheit dann rechts in die Viehhofstraße und schon sehen wir die ersten Museumsstücke. Bevor man ganz in die vieltausendfältige Welt der Schweine abtaucht, lohnt es sich, noch einen Blick auf das ehemalige Verwaltungsgebäude des Schlachthofs mit seinen zahlreichen steinernen Plastiken von Kühen, Schweinen und Schafen zu werfen. Wie viel Mühe und Fantasie man doch vor über 100 Jahren auf die Gestaltung eines reinen Zweckbaus verwendet hat!

 Max-Eyth-See, Wilhelma, Schloss Rosenstein, Museum Löwentor, Schlossplatz, Feuersee, ehem. Schlachthof mit Schweinemuseum

 Tourstart: Stadtbahn Mühlhäuser Straße (Hofen)
Tourende: Stadtbahn Schlachthof

ÖPNV-Unterstützung ab Haltestelle Marienplatz bis Neckartor, Stöckach, Ostendplatz bzw. Schlachthof möglich

Register

Bildnachweis

S. 3: Kaiser Wilhelm auf dem Karlsplatz
S. 7: Platanenallee im unteren Schlossgarten

Alle Fotos von Friederike Votteler und Peter Pipiorke, mit Ausnahme von:
Umschlag vorn: Blazej Lyjak/shutterstock.com
S. 10: Schicksalsbrunnen, Ansichtskarte, Schwäbischer Kunstverlag, Hans Boettcher, Stuttgart, Nr. 1011
S. 13: Rathaus Stuttgart, Ansichtskarte, Schwäbischer Kunstverlag, Hans Boettcher, Stuttgart-West, Nr. 653

G. BRAUN

© 2014 G. Braun Telefonbuchverlage GmbH & Co. KG, Karlsruhe

Lektorat: Nicole Janke, Neuhausen

Kartengrundlage: OpenStreetMap
Kartenbearbeitung: post scriptum, www.post-scriptum.biz

Satz, Layout und Umschlaggestaltung:
post scriptum, www.post-scriptum.biz

Druck: Bosch-Druck GmbH, Landshut

ISBN 978-3-7650-8711-0